이 책의 인세는 사회복지공동모금회에 전액 기부됩니다.
책을 구매하고 주위에 추천해주시는 것만으로도
작은 나눔에 동참하실 수 있습니다.
더불어 어려움에 부닥쳐 있는 이웃들에게 큰 도움이 될 것입니다.

선행으로 이타심을 기르고, 독서로 소통과 창조의 힘을 키우고, 감사와 나눔으로 긍정심을 육성하는 것! 존엄케어를 가능하게 만든 인덕의료재단의 실천 항목들이다. 이 책을 읽으며 노인들이 행복한 요양병원을 넘어 온 국민을 행복하게 만드는 존엄케어를 실현하는 이윤환 이사장에게 고맙다는 생각이 들었다. 조직을 운영해본 사람으로서 구성원들이 자긍심을 가지고 자율적으로 일하도록 하는 게 쉬운 일이 아니라는 것을 안다. 그런데 그는 간병사 역할의 중요성을 인식하고 전문직업인으로서 자긍심을 가지고 성심껏 일하도록 만드는 진정한 리더의 모습을 보여주었다. 특히 4무2탈을 실천함에 '늙고 병들어도 사람은 선택할 수 있어야 한다.' '손발을 묶는 것은 환자의 인생을 묶는 것이다.'라는 생각은 가슴을 뭉클하게 만든다. 이윤환 이사장의 의로운 활동들이 사회 전반으로 퍼져나갔으면 좋겠다.

– 박정국, 현대자동차 고문

인덕의료재단의 이윤환 이사장과 복주회복병원과 경도요양병원을 알게 된 것은 큰 행운이었다. 그동안 나는 비즈니스의 목적을 이웃을 사랑하고 선한 영향력을 넓히는 것이라고 말해왔는데 최고의 사례를 인덕의료재단을 통해 보았기 때문이다.

회사의 요청으로 수년 동안 전 세계에서 모델이 되는 요양원과 요양병원을 찾아다니며 분해 작업을 하고 있었다. 그때 현실 속에서 적용 모델을 이 책을 통해 알게 됐다. 기업가정신은 세상이 필요하다면 도전하고 혁신하여 성취해내는 것이다. 환자의 인권과 인격적 대우를 위한 존엄케어와 불가능하다고 여겨졌던 4무2탈의 구현은 충격이었다. 이윤환 이사장은 환자 관점에서는 최고이지만 병원의 수익은 줄어들 수밖에 없는 구조인데도 실천했다. 어르신들에게 기저귀를 채우지 않는 존엄케어와 그러한 의료서비스를 실천하는 직원들의 표정이 밝고 행복한 이유를 알게 될 것이다.

– 이인석, 전 이랜드서비스 대표

이윤환 이사장 특유의 긍정성으로 주어진 환경의 어려움을 기회로 활용하며 일군 성공사례는 요즈음 젊은이들에게 할 수 있다는 희망과 용기를 줄 것이다. 존엄케어 실행 과정에서 특히 간호사, 간병인들이 자존감을 느끼도록 노력했다. 그는 노인요양병원의 새로운 패턴을 구현한 행복전도사이자 경영인이라 할 수 있다.

– 허남석, 전 포스코ICT 사장·『행복한 리더가 행복한 일터를 만든다』 저자

환자를 단순히 돌봄의 대상으로 생각하지 않고 한 사람의 인격으로 존중하고 잃어버린 신체 기능을 되찾도록 돕는 것이 존엄케어다. 저자는 거기에서 진일보해서 경제계 CEO들로부터 배운 감사·나눔 경영을 의료계에 공적으로 접목했다. 그 과정에는 어려운 고비도 많았지만 지금은 심경을 이렇게 표현하고 있다. "존엄케어는 직원들에 의해서 진화되고 있다. 그래서 나는 행복한 경영자다."

- 박용우, 대한노인요양병원협회 회장

이 책은 용기와 신념을 불러일으키기에 충분하다. 누군가는 해야 할 일이지만 아무나 할 수 없는 일이 존엄케어다. 우리나라 노인의료 현장에서 존경받는 지침이 될 수 있어 적극적으로 권장하고 싶다. '인간의 존엄성 확립'이라는 저자의 옳은 일에 항상 박수를 보낸다.

- 김덕진, 희연병원 이사장·한국만성기의료협회장

저자와 절대적으로 돌봄과 요양이 필요한 어르신들에게 어떻게 하면 보다 양질의 서비스를, 경제적 부담을 덜면서 제공할 수 있을지 정책 이야기를 나눈 적이 있다. 그의 진지하고 도전적인 생각은 인상적이었다. 이 책에는 저자의 인생역정에서 스스로 노력하여 얻은 윤리적 기풍이 느껴진다. 그는 실천가의 자질을 가진 아름다운 사람이다.

- 이만우, 전 고려대학교 일반대학원 사회복지학과 겸임교수

진정성 있는 이 글을 읽으면서 그가 왜 지금의 자리에 올 수 있었는지 고개를 끄덕였다. 어렵지만 뚝심 있게 추진한 존엄케어는 우리나라 요양병원의 앞날에 큰 영향을 줄 수 있을 것이다. 늘 감사하는 마음으로 지역사회를 바라보는 그의 이야기는 우리가 세상을 어떻게 살아가야 할지 알려준다.

– 김연희, 서울아산병원 간호부원장

不狂不及
불광불급

不狂不及

불광불급

이윤환 지음

Value Management
직원과 함께 가치경영에 미치다!

클라우드나인
CLOUD 9

끊임없이 준비하고 배우고 실행한다

김성오, 메가스터디 부회장·『육일약국 갑시다』저자

이 책의 저자인 이윤환 이사장을 처음 만난 것은 2016년 4월이었다. 나의 저서인 『육일약국 갑시다』를 읽고 감명받았다며 찾아왔다. 병원의 모든 직원에게 읽혀 독서토론도 하고 병원 경영과 서비스에 적용하고 있다고 했다. 30분 정도의 만남을 예상했지만 우리의 첫 만남은 네 시간이나 이어졌다. 나보다 15년이나 어린 그가 들려주는 인생 역정, 존엄케어 이야기, 감사·나눔 경영에 푹 빠져들어 시간 가는 줄 몰랐다. 그 후에도 만남은 지속됐고 그의 인간적인 매력에 끌려 10년지기 이상으로 절친한 사이가 됐다.

이 이사장은 가난한 소작농의 아들로 어린 시절을 보냈다. 충분히 부모 원망과 신세 한탄을 할 법도 한데 좌절 대신 긍정의 마음으로 도전하고 어려움을 극복해 끝끝내 성공을 이뤄냈다. 그의 삶은 오늘날의 젊은이들에게 큰 희망과 용기가 되리라 확신한다.

그는 끊임없이 준비하고 배우고 변화하고 실행하면서 기회가 왔을 때 놓치지 않고 성공을 이뤄냈다. 그의 삶은 사업을 하는 경영자나 자영업자에게도, 성공을 갈망하는 직장인에게도 돈으로 살 수 없는 큰 도움이 될 것이다.

그가 간절한 마음으로 이뤄가는 존엄케어와 감사·나눔활동은 우리 모두가 본받아야 할 가치 있는 것이라 믿는다. 앞으로 많은 시간이 흐르는 동안 그의 도전과 열정과 인간애가 지속되어 차갑고 각박한 세상에 온기를 전해주는 따뜻한 난로가 되기를 기대해본다.

작은 실천을 통해 행복한 일터를 만든다

손욱, 전 농심회장·전 삼성SDI 사장

"변화와 혁신의 성공은 조직원의 태도attitude에 달려 있고, 태도는 그들의 생각thought에 달려 있다. 생각을 움직이는 것은 조직문화이고 이것은 리더십에 달려 있다."라는 말이 있다.

이윤환 이사장이 요양병원에 적용한 행복나눔125운동은 '1일 1선행, 1월2독서, 1일5감사'를 내용으로 한다. 선행으로 이타심을 기르고, 독서로 소통과 창조의 힘을 키우고, 감사로 긍정심을 자라게 하는 것이 목적이다. 실천 항목은 간단하지만 습관이 되고 체질이 되어 조직문화로 정착시키는 것은 쉬운 일이 아니다. 포스코, 삼성중공업 등의 기업에서 '행복한 일터 만들기'로, 군부대에서 '행복한 병영 만들기'로 도입되어 놀라운 성과를 올리고 있는 실천 항목이었다. 그러나 조직력이 약하고 기본 교육이 부족한 요양병원은 처음이었기 때문에 걱정이 많았다.

감사·나눔활동은 특히 대표의 솔선수범이 성패를 가른다. 이윤환 이사장은 매일 5감사를 쓰고, 직원들의 감사일기에 댓글을 달고, 독서토론을 주도하며 칭찬하고 격려하는 데 밤낮을 가리지 않았다. 그리고 병원 직원들에게 자주 이런 말을 했다. "미리부터 겁먹지 말자. 쉬운 과제를 정하고 작은 성공을 경험하면 거기에 성공의 법칙이 두세 개 파생효과를 일으킨다. 그로 인해 다른 인생을 살게 된다." 그는 목표를 작게 잡고 성공하는 '경험'을 해봄으로써 습관으로 정착시키는 방법을 택했다.

　그 결과 여기저기서 감사의 기적, 나눔의 기쁨, 소통의 성과가 불씨가 되어 놀라운 속도로 확산하여 존엄케어도 '감사케어'로 자리잡고 '행복한 병원'으로 탈바꿈하게 됐다.

　행복은 나누면 커진다. 이사장은 이제 성공 체험을 다른 병원들과 나누기 위해 전국을 뛰어다니고 있다. 노인들이 행복한 요양병원을 넘어 온 국민을 행복하게 만드는 병원 문화로 자리 잡기를 바란다.

'사람이 먼저'라는 생각을 실천에 옮긴다

신현수, 전 경북사회복지공동모금회장·전 안동의료원장

이윤환 이사장은 스스로를 '국가대표급 흙수저'라고 말한다. 나는 그 말 속에 큰 자부심과 힘이 들어 있다는 것이 느껴진다. 흙의 힘이야말로 가장 정직하고 끈기 있는 힘, 결국 인간을 사랑하는 그런 힘이 아닐까. 그는 어린 시절부터 어려웠던 가정형편을 핑계 삼지 않고 오히려 자신의 힘으로 일어설 수 있는 지렛대로 삼았다.

그는 남들이 보지 못하는 관점으로 세상을 풀어내는 능력이 있다. 참으로 현명한 사람이다. 남들은 시간낭비라고 하는 일도 미리 준비해둔다. 모든 것은 서로 관계있다는 세상 이치를 꿰뚫고 있기 때문이다. 그는 새로운 도전 앞에서 머뭇거리지 않는 사람이다. 지난 몇 년간 그가 일궈낸 것들이 바로 뚜렷한 증표다. 그의 경영이 진실성 있게 다가오는 이유는 그가 자신의 분야에서 가장 밑바닥부터 성실하게 익혀온 사람이기 때문이다.

무엇보다 저자는 가장 먼저 사람을 생각한다. 우리가 살아가는 세상은 갈수록 돈의 논리로만 재단된다. 돈이 최고라는 논리가 사람의 생명과 건강까지 파고드는 현실이다. 그 속에서 저자는 '사람이 먼저'라는 생각을 실천에 옮기는 사람이다.

안동 복주회복병원과 예천 경도요양병원이 존엄케어를 선포하며 4무2탈 운영을 한다는 사실은 이미 잘 알려져 있다. 사실 노인요양병원에서 이런 운영은 생각보다 훨씬 어렵다. 사람을 배려하지 않고서는 불가능하다. 노인 환자들뿐만 아니라 그분들을 돌보는 직원과 간병사에 대한 배려 등 병원의 정신문화가 먼저 뒷받침되지 않으면 할 수 없는 일이다.

우리나라 노령 인구가 가파른 상승곡선을 그리고 있고 전국에 노인요양병원이 하루가 다르게 늘고 있다. 이 책을 계기로 제도적인 방안이 마련될 수 있다면 더할 나위 없을 것 같다.

큰 성공은 작은 도전과 작은 시작이 만든다

강윤구, 전 보건복지부차관·전 청와대사회수석

우리나라는 이미 2000년 말에 65세 이상 노인 인구 7.2%로 고령화 사회에 접어들었으며 그 속도가 매우 빠르게 진행되고 있다. 여성의 사회 진출이 확대되면서 가정 양육 기능도 약화되고 있다. 그러다 보니 노인 부양 기능은 더더욱 기대하기 힘들다. 이것은 더 이상 가족의 문제가 아니며 국가 사회적인 문제로 대두됐다. 이에 따라 정부에서는 2008년 7월 노인장기요양보험제도를 도입하여 국가적 차원에서 본격적으로 노인 요양 문제를 다루기 시작했다.

이윤환 이사장은 이보다 앞서 2006년 예천 경도요양병원을 시작으로 노인요양병원 운영에 본격적으로 착수했다. 그가 메디컬 닥터가 아니라 물리치료사 출신인데도 병원 운영에 성공할 수 있었던 것은 존엄케어와 감사·나눔활동의 실험에 있었다. 그는 초기 어려운 여건 속에서도 철저히 준비한 후 사람을 소중히 하면서 투자는 과감하게 했다. 이러한 남다른 차별화 경쟁력과 성실성이 그의 비결이다. "경영자가 변화를 두려워할 때 그 조직은 존립이 위험해진다."라는 변화와 혁신의 경영이념을 토대로 가치판단의 기준을 첫째 고객(환자)의 이익, 둘째 직원의 이익, 마지막으로 병원의 이익에 둠으로써 오늘의 인덕의료재단을 이룰 수 있었다.

그는 이 땅의 젊은이들과 새로운 도전을 시작하려는 모든 사람에게 희망과 용기를 주고 싶어 이 책을 썼다고 한다. 그는 "꿈은 크게 꾸더라도 행동은 작은 것부터 시작하라. 지금 당장 할 수 있는 것 중에서 딱 하나만 골라서 행동에 옮겨라. 도전은 그 작은 행동 하나에서 시작된다."라고 권유하고 있다.

내가 이윤환 이사장을 좋아하는 이유는 간단하다. 그는 일에 대한 열정이 가득 찬 사람이다. 그는 함께하는 사람들에게 사랑이 넘치는 사람이다. 무엇보다도 그는 영혼이 맑은 사람이다. 그에게 느끼는 인상은 이 책에 고스란히 담겨 있다.

경제적으로 사회적으로 모두가 어려운 시기다. 취업준비생들, 사회초년생들, 새로운 도전을 시작하려는 사람들에게 일독을 권한다.

작은 도전과 성공이 파생효과를 일으킨다

나는 안동 복주회복병원과 예천 경도요양병원을 운영하는 인덕의료재단의 이사장이다. 혹자는 33세에 의료재단 이사장이 된 나를 두고 금수저일 것이라고 말한다. 하지만 그들의 예상과 달리 빈농의 막내아들로 태어난 대표적인 흙수저다.

이런 내가 책을 쓴 이유는 새로운 삶을 준비하는 젊은 세대에게 "나도 뭔가 할 수 있다."라는 작은 희망과 용기를 주고 싶었기 때문이다. 다들 어렵다고 하는 시대다. 예전에 비하면 세상이 많이 팍팍해졌다. 조금만 노력하면 중산층의 삶을 누리며 순탄하게 잘살 수 있었던 이전 세대에 비하면 지금의 젊은 세대는 희망이 없어 보인다. 자기 노력만으로 뭔가를 이루기에는 벽이 너무 높다. 그러다 보니 선택할 폭도 좁아지고 거둘 결실도 작아진 느낌이 든다.

그렇지만 이걸 생각해보자. 지금은 어느 업계 어느 업종이든 불확실성이라는 현실 앞에 놓여 있다. 안정적인 직업이라고 여겨졌던 의사, 변호사, 회계사 같은 직업이 인공지능이 대신할 수 있는 대표적인 직업으로 꼽힌다. 앞선 세대가 자식 세대에게 미래를 내다보는 어떤 이야기도 해줄 수 없다. 그런데 다르게 해석하면 누구라도 기회를 잡을 수 있는 시대라는 말이 된다. 시절이 어려워져서 기회가 없는 것이 아니라 그 형태가 달라진 게 아닐까.

나의 진단이 맞다면 지금 이 땅의 젊은이들은 뭔가를 '시작'하는 것조차 엄두를 내지 못하는 상태인 것 같다. "나의 꿈은 이것이다."라고 포부를 밝히기는커녕 내가 무엇을 원하고 무엇을 할 수 있는지를 생각하는 것조차 힘겨워하는 것 같다. 무엇을 시작하고 무엇에 도전해야 하는지 그 대상을 찾는 것부터 어려워하는 것으로 보인다.

그렇다면 그들이 해야 할 일은 일단 도전거리를 찾는 것부터 시작해야 한다. 미리부터 겁먹을 필요는 없다. 도전거리를 찾는다고 해서 어려운 과제를 잡을 필요는 없다. 쉬운 과제를 정하고 작은 성공을 경험할 때 거기에 성공의 법칙이 하나만 작용할 것 같지만 사실은 두세 개의 파생효과가 일어난다. 그것으로 인해 다른 인생을 살게 된다.

나의 경우에는 대학 교수가 되겠다고 열심히 재활치료에 관한 임상 의학을 공부했는데 그것이 바탕이 돼 병원 경영자를 거쳐 이사장이 됐고 노인요양병원을 운영하게 됐다. 그것은 또 다른 도전으로 이어져 일본에서 보았던 존엄케어를 우리 병원에 적용하기에 이른다. 나는 진정성 있는 실천을 고민하다 감사·나눔 활동을 통한 가치경영을 알게 된 후로 행복한 경영자를 지향하고 꿈꾸는 사람으로 살아가고 있다.

20대에는 내가 이렇게 되리라고 생각지도 못했다. 월급 100만 원을 받던 물리치료사 출신으로 1,000만 원으로 시작한 병원 사업이 현재 자산 1,000억 규모의 의료재단이 되리라고 주변 사람 그 누구도 생각지 못했다. 과거 대학 시절부터 지금까지 흙수저였던 나는 작게 도전해서 작게 성공하는 나만의 성공 법칙을 스스로 깨달았다. 이제 그 성공 법칙을 바탕으로 모든 것에 무로 돌아가서 어묵 장사든 풀빵 장사든 어떤 일을 하게 되더라도 무조건 성공할 수 있다는 자신감을 얻었다.

누구나 성공한 인생의 주인공이 될 수 있다. 단지 그럴 생각을 하지 않을 뿐이다. 또는 생각만 할 뿐 아무것도 하지 않는다. 아무 노력 없이 그저 부러워만 한다. 흔히 "부모님이 물려준 게 없어서 사업을 할 수 없다."라고 얘기한다. 하지만 부모님이 물려준 재산으로 사업에 성공했다는 사람이 드문 것 또한 사실이다.

지금부터 시작하려는 나의 이야기에 이 땅의 젊은이들과 새로운 도전을 시작하려는 모든 사람이 희망과 용기를 얻기를 바란다. 시대에 따라 변하는 것도 있고 어느 시절에나 변함없이 통하는 가치도 있다. 나의 이야기가 여러분의 인생에 중요한 힌트가 되길 간절히 바란다.

2024년 10월
안동에서 이윤환

감사·나눔운동이 새마을운동처럼 확산되기를 꿈꾼다

우리 병원은 다양한 감사·나눔운동을 실천하고 있는데 그중 '5감사'와 '감사 펀드'에 대해 많은 언론사와 방송사가 인터뷰를 했다. 나는 감사·나눔운동이 좁게는 지역사회로, 넓게는 전국으로 확대되기를 원한다. 5감사는 우리 병원의 사례로 보면 기업의 근간인 직원들의 긍정성과 생산성을 높여주는 결과를 가져왔다. 많은 기업이 바라는 직원의 긍정성은 단지 처우를 개선해서 얻을 수 있는 것이 아니다.

우리 병원을 방문하는 사람들은 노인요양병원에 가면 흔히 경험할 수 있는 병원 냄새가 없다는 것에 먼저 놀란다. 그리고 우리 직원들의 표정을 보고 놀란다. 간호사는 물론이고 간병인, 재활치료사, 영양사, 청소하는 사람 등 누구 할 것 없이 밝고 여유로운 표정을 짓고 있기 때문이다. 말이 좋아 '존엄한 요양'이지, 사실 병원의 간호사와 간병인 한 명 한 명이 엄청난 노력을 기울여야 한다. 한마디로 힘이 든다. "대체 어떻게 해야 '진정성 있는 존엄케어'가 가능할까?" 이것이 우리 병원을 벤치마킹하기 위해 방문하는 사람들의 궁금증이다.

　나는 감사·나눔운동으로 존엄케어를 실천하는 우리 직원들의 긍정성이 높아진 사례가 다른 기업에 도움이 됐으면 좋겠다는 마음으로 이 글을 쓰고 있다. 우리 병원은 감사 펀드를 조성해서 지역사회의 기초생활수급자 가정 중 도움이 필요한 곳을 지원하고 있다. 우리 병원에서 어려운 몇 가족을 도와준다고 해서 대한민국이 변하진 않을 것이다. 하지만 우리 병원은 감사 펀드로 다섯 가족을 절망에서 희망으로 인도했다. 지역사회에 감사 펀드에 참여하는 기업이 많아진다면 더 많은 가족을 도울 수 있다. 그만큼 안동과 예천이라는 지역사회가 따뜻해지고 나아가서는 경상북도가 따뜻해질 것이다. 더 나아가 대한민국이 헬조선이 아니라 살 만한 나라가 되었으면 좋겠다는 것이 나의 바람이다. 감사·나눔운동이 새마을운동 같은 지역사회 개발 운동으로 전국에 확산됐으면 좋겠다.

　이 책이 독자들께 작게라도 도움이 된다면 지인들에게도 꼭 사서 읽어보라고 추천해주시길 바란다. 이 책의 인세는 전액 사회복지공동모금회에 기부된다. 우리 주변의 어려운 가정을 돕는 데 쓰이니 이 책을 사서 읽는 것만으로도 작은 나눔에 동참하게 된다.

병원 이사장으로 홍보·영업 활동에 직접 나서다

우리 병원이 감사·나눔 활동을 통한 가치경영을 시작한 지 2년쯤 지났을 때 우연한 기회에 감사·나눔포럼에서 '존엄케어와 감사·나눔'이라는 주제로 강의를 한 적이 있다. 그때 국내 최고라 불리는 서울아산병원의 김연희 간호부원장님이 내 강의를 듣고 강의를 요청했다. 서울아산병원 간호부에서도 감사·나눔을 실천하고 있는데 의료계에서 감사·나눔을 최초 도입해서 성공한 우리 병원의 사례를 간호사들에게 전달하고 싶다는 것이었다. 이제 막 시작한 감사·나눔을 서울아산병원에 정착시키기 위해 노력하고 계셨고 열정이 대단했다.

기꺼이 강의 요청을 수락하고 나니 몇 년 전 안동 복주회복병원의 재활전문센터를 처음 열었을 때의 일이 떠올랐다. 당시 안동 인근 지역의 중풍 환자나 뇌경색 환자가 서울의 대학병원에서 수술이나 치료를 받고 나면 집 근처에서 재활치료를 받을 곳이 없었다. 그러다 보니 수도권이나 대구 지역에 머물면서 재활치료를 받아야 했다. 이제 경북 북부지역에도 재활전문센터가 생겼으니까 대학병원에서 급성기 치료가 끝나면 집에서 가까운 곳으로 재활치료를 받으러 다닐 수 있다는 사실을 알려야 했다.

국내 최고 시설과 시스템을 갖춘 빅5 병원인 서울아산병원, 서울성모병원, 연세대 세브란스병원, 서울대병원, 삼성서울병원에 우리 병원의 재활전문센터 오픈을 알리는 것이 당면 과제였다. 각 병원의 진료의뢰센터는 지방에서 올라와 수술이나 치료를 받고 난 환자가 퇴원한 이후에 계속해서 재활치료를 받을 곳을 알아보고 조율하는 일을 한다. 이곳에 우리 병원을 알려야 했다. 물론 직원들을 보내면 될 일이었다. 하지만 나는 직접 대학병원을 찾아다니면서 우리 병원의 재활전문센터를 알리고 싶었다.

빅5 중 처음 방문한 곳이 서울아산병원이었다. 병원 홍보물과 안내책자를 들고 서울아산병원의 진료의뢰센터를 방문했다. 문을 열고 들어서며 인사를 했는데 담당자는 내 이야기를 들어보지도 않고 거기 두고 가라고 말했다. 무심한 응대에 당황스러웠지만 서울까지 온 이상 임무를 완수해야 했다. 안동에 재활전문센터가 새로 생겼으니 경북 북부지역의 환자를 보내주시면 열심히 잘 치료해드리겠다는 말을 전하고 홍보물과 명함을 두고 뒤돌아서 나왔다.

방문판매원 취급을 받은 것 같아서 기분은 묘했지만 개의치 않았다. 함께 갔던 우리 직원이 전국의 많은 병원에서 찾아오니 서울에 있는 대학병원 진료의뢰센터 직원들은 사무적으로 대할 수밖에 없을 거라고 말했다. 그럴 것이다. 내가 필요해서 방문한 곳이었고 그분들 입장도 충분히 이해할 수 있었다. 나머지 대학병원도 분위기는 비슷했다.

그리고 한 달 뒤 다시 서울아산병원을 방문했다. 홍보물을 놓고 돌아서려고 하는데 담당자가 자리를 안내하고 마실 차를 내왔다. 지난 달에 내가 다녀간 뒤에 명함을 보니 병원 이사장이란 것을 알았다고 한다. 내가 젊어서 병원 직원인 줄 알았다는 것이다. 보통은 직원이 방문하기 때문에 병원 이사장이 직접 방문할 줄 몰랐다고 한다. 앞으로 우리 지역 환자가 서울아산병원에서 퇴원하게 되면 연계하겠다고 했다. 사실 경북 북부지역에 재활치료를 하는 전문병원이 없어서 그때까지는 대구로 환자를 보냈다고 하면서 먼 지역까지 환자를 보내지 않아도 되니 자기들 입장에서도 좋다는 것이다.

그리고 얼마 뒤 실제로 빅5 병원에서 수술한 지역 환자들이 우리 재활전문센터를 찾아오기 시작했다.

존엄케어와 감사·나눔이 서울아산병원을 울리다

그렇게 처음으로 인연을 맺었던 서울아산병원에서 감사·나눔을 주제로 강의를 요청하다니 참 기분이 묘했다. 사람 일은 알 수 없다더니 이번 일도 그런 것이 아닐까 하는 생각이 들었다. 게다가 강의가 임박해서는 100명의 수간호사 대상에서 전체 간호사 대상으로 확대해서 진행하겠다고 연락이 왔다.

국내 최고의 서울아산병원서 시골 요양병원 이사장에 불과한 내게 왜 강의를 요청했을까? 그것은 바로 진정성 있는 존엄케어를 가능하게 한 우리 병원의 감사·나눔, 즉 긍정의 문화 때문이었다. 그리고 서울아산병원이 의료의 질은 물론 고객 감동 서비스도 최고를 지향했기 때문일 것이다.

그런데 고객 감동 서비스는 교육을 한다고 해서 이루어질 수 있는 것이 아니다. 직원들의 자발적인 참여와 긍정 문화가 없다면 언제든 무너질 수 있는 사상누각이다. 서울아산병원도 감사·나눔 경영을 도입한 지 얼마 안 된 초기여서 의료계 사례가 필요했을 것이다.

2015년 12월 강의에 교대 근무를 마치고 온 간호사들이 500명 정도 참석했다. 우리 병원에서 존엄케어를 선포한 이후 많은 강의를 해왔지만 그 어느 곳보다도 진지했고 몰입도가 높았다. 인공호흡기를 달고 있는 환자를 목욕시키는 동영상을 보는 간호사들의 눈이 반짝이며 빛났다. '아 저렇게도 할 수 있구나! 감사·나눔이라는 게 대단하네.'라고 감탄하는 것만 같았다. 왜 서울아산병원이 국내 최고의 병원이라 불리는지 생생하게 느낄 수 있었다. 또 '노부부의 재회' 동영상을 볼 때는 참석한 대부분 간호사들이 눈시울을 적셨다.

"마지막을 정리할 수 있는 시간을 주셔서 감사합니다."

'노부부의 재회' 동영상은 우리 병원에 입원한 노부부의 이야기다. 할아버지가 우리 병원에 입원해 있는 동안 할머니가 뇌출혈로 쓰러져 인근 종합병원에서 응급수술을 받았다. 수술 예후가 좋지 않았고 식물인간 판정이 내려졌다. 종합병원 주치의가 임종을 준비하고 집에서 가까운 요양병원으로 모시고 가라고 했다고 한다. 할머니는 결국 할아버지가 입원해 있는 우리 병원으로 오게 됐다.

할아버지는 앰뷸런스로 실려올 때 의식이 없고 불러도 대답이 없는 할머니를 보며 눈물을 흘렸다. "우리 할마이는 끝난 것 같다." 그렇게 이야기하며 쓸쓸히 병실로 돌아갔다. 그 모습을 지켜보던 우리 직원들의 마음도 안타까웠다. 할머니는 집중치료실에 옮겨졌고 의식이 없는 상태에서 돌아가실 날만 기다리고 있었다.

그런데 어느 날 부원장이 회진 중에 할머니 눈동자가 자신을 따라오는 것을 발견했다. '완전 식물인간이 아니라 반식물인간 상태다.' 직감적으로 가능성을 감지한 부원장은 바로 재활의학과 과장과 의논했고 의식 없는 할머니의 재활치료를 시작했다.

2주가 지날 즈음 할머니의 의식이 돌아왔다. 한 달이 지나자 한쪽 손으로 공 던지기를 할 수 있었다. 두 달이 지나자 스스로 식사를 하는 것이 가능해졌고, 세 달이 지나자 젓가락으로 콩 고르기까지 할 수 있게 됐다. 그리고 할아버지와 눈물의 재회를 했다. 이때 할아버지가 하신 말씀은 왜 우리가 힘든 존엄케어를 계속해야 하는지 깨닫게 해주었다.

"감사합니다. 60년 동안 같이 살아온 아내가 뇌출혈로 갑자기 쓰러져 유언 한마디 못 남기고 떠날 줄 알았습니다. 이렇게 나와 60년 동안 살아줘서 고맙다고 인사할 수 있게 됐습니다. 제 삶의 마지막을 정리할 소중한 시간을 마련해준 병원 선생님들께 감사드립니다."

병실 안은 울음바다가 됐다. 그 후 신규직원 교육이 있을 때마다 이 노부부의 동영상을 보여준다. 신규직원들은 이 동영상을 보면서 우리 병원의 이념과 철학을 공유한 상태로 존엄케어 현장으로 투입된다.

작은 도전이 작은 성공이 되면 변화가 시작된다

나는 병원을 운영하는 사람이 조언을 구해오면 서울아산병원에 꼭 가보라고 권한다. 한 시간 동안 가만히 서 있기만 해도 특이한 점을 발견할 수 있다. 간호사들이 또는 의사들이 무슨 이야기를 나누는지, 환자들 표정은 어떠한지 관찰하다 보면 일정 간격으로 '무엇을 도와드릴까요?'라는 안내판에 도우미들이 서 있는 것을 목격하게 될 것이다.

서울아산병원에서 첫 강의가 끝나고 2016년 2월 영광스럽게도 2차 강의를 했다. 이번에는 원장님, 의료진, 재단 사무총장님도 참석했고 1차 강의 때보다 더 많은 700명의 간호사들이 참석했다. 나중에 온 사람은 자리가 모자라서 서서 강의를 듣기도 했다.

강의를 마치고 내려오는데 참 기분이 좋았다. 단지 국내 최고의 병원에서 강의해서만은 아니었다. 시골 요양병원 이사장이 아무리 감사·나눔이 좋고 기업의 긍정성을 올릴 수 있다고 알려봐야 분명 한계가 있을 것이었다. 그런데 국내 최고의 서울아산병원에서 감사·나눔이 시작됐기 때문에 빠른 시간 내에 한국 의료계 전체에 감사·나눔 문화가 확산될 것이라 확신할 수 있었다. 그리고 얼마 지나지 않아 서울의 다른 대학병원에서도 감사·나눔을 실천하고 있다는 이야기를 들었다. 우리 병원에서 시작한 감사·나눔이 전국적으로 확대되고 있었다.

"당신은 어떤 사람으로 기억되고 싶습니까?"

이런 질문을 받은 적이 있다. 예전의 나라면 "너 참 대단한 사람이다."라는 이야기를 듣고 싶었을 것이다. 지금의 나는 대단한 사람보다는 사람 향기가 나는 사람이 되고 싶다. 내가 나이가 들어서 생을 정리할 시간이 됐을 때 "너로 인해 행복했다."라는 말을 들을 수 있다면 내 삶에 대한 최고의 칭찬일 것이다. 내가 추구하는 존엄케어와 감사·나눔이라는 가치로 인해 직원과 환자가 행복할 수 있었다면 그것이 내 인생의 가장 큰 의미가 될 것이다.

지금 나는 고객인 환자가 행복하고 내부고객인 직원이 행복하고 더불어 내가 행복해지는 행복한 경영자를 자처한다. 하지만 처음부터 이렇게 정해진 인생은 아니었을 것이다. 행복한 경영자가 되려면 일단 '성공'을 해야 한다. 나 또한 그저 성공한 삶을 살고 싶었고, 오늘보다 나은 내일을 위해서 눈앞에 있는 작은 도전과 작은 실천을 했을 뿐이다. 그런데 지금 생각해보니 기적은 거기서부터 시작되고 있었다.

차례

1장

33세에 의료재단 이사장이 되다   35
"가장 작은 것부터 시작해보자!"

2장

존엄케어는 삶에 대한 존중이다   65
"내가 노인이 되었을 때 가고 싶은 병원을 만든다!"

4장

어렵고 힘든 곳이 바로 기회의 땅이다   197

"남들이 안 된다, 어렵다, 힘들다 하면 그곳에 기회가 있다!"

33세에 의료재단
이사장이 되다

"가장 작은 것부터 시작해보자!"

작은 도전과 실천이 파생효과를 가져온다

나는 경북 영주에서 가난한 농부의 아들로 태어났다. 어릴 적 호롱불에 공부하고 펌프에 마중물을 넣어서 펌프질을 해야 물을 쓸 수 있었다. 1973년생 92학번인 내 나이대에서는 아주 드문 경험이었다. 또래 친구들보다는 17년 차이 나는 장모님과 성장 과정이 비슷했다.

250만 원의 빚이 인생의 태도를 바꾸게 했다

군대를 다녀온 후 공사 현장에서 일하면서 생활비와 학비를 벌었다. 꽤 많은 돈을 모을 수 있었는데 학비를 마련하고 남은 돈으로 큰형님이 타던 차를 샀다. 큰형님에게 드릴 500만 원 중에서 일해서 번 돈 250만 원을 먼저 드렸고 나머지는 겨울방학 때 공사 현장에서 일해서 갚기로 했다.

이때는 내 차를 끌고 다닌다는 상상만 해도 기분이 날아갈 것 같아서 잠이 오지 않았다. 1995년 당시 내가 다니던 학교에는 부모가 부자인 학생 몇 명을 빼고는 자가용을 운전해서 다니는 학생들이 거의 없었다. 내 힘으로 마련한 차를 타고 친구들과 놀러 다니면서 겉멋만 잔뜩 들어 폼을 잡던 생각이 난다.

그런데 차를 사고 한 달 남짓 지났을 때 내 운명을 바꿔버린 교통사고가 났다. 빗길에 멋을 낸다고 속력을 줄이지 않고 급커브를 돌면서 차가 미끄러져 중앙선을 침범하여 반대편에서 오는 차와 정면충돌했다. 순간 이제 모두 끝났다는 생각이 스칠 만큼 충격이 컸으나 나는 살아 있었다.

차에서 내려서 보니 내 차는 거의 폐차 직전이었다. 다행히 상대방은 안전벨트를 하고 있어서 거의 안 다쳤다. 그런데 내 이마에서 뭔가가 흐르는 느낌이 들었다. 피였다. 안전벨트를 매지 않아 차 유리에 얼굴을 부딪히면서 이마가 찢어진 것이다.

태어나서 처음 겪은 대형사고였다. 119를 타고 병원으로 가는데 부모님 얼굴이 떠올랐다. 여태껏 걱정 한 번 안 끼치면서 차분하게 성장해 왔던 나로선 걱정하고 실망하실 부모님을 생각하니 쥐구멍이라도 있으면 들어가서 나오고 싶지 않았다. 정말 죽고 싶다는 생각이 들었다.

응급실에서 찢긴 이마와 눈썹 밑 두 군데를 17바늘과 24바늘을 꿰매고 집으로 돌아왔다. 부모님은 많이 놀라신 눈치였지만 예상과 달리 나무라지는 않으셨다.

"많이 안 다쳤으면 되었대이. 앞으로 살면서 이보다 더 큰일도 있을 수 있다. 몸만 건강하면 무슨 일이라도 할 수 있는 기라."

매를 맞아도 모자랄 판에 어머니는 오히려 나를 위로하셨다. 너무 죄송스러워서 앞으로는 정말 열심히 살아서 성공하고 부모님을 잘 모셔야겠다는 굳은 다짐을 했다. 이때 처음으로 남들하고는 다른 삶을 살겠다는 각오를 했다.

나는 복학 후 좋아하던 술과 담배를 끊고 친구들과 노는 것도 자제했다. 오로지 공부와 아르바이트만 하기로 결심했다. 형님에게 빚진 돈 250만 원을 내 힘으로 갚자는 목표와 함께 과에서 제일 어려운 전공 과목에서 1등을 하겠다는 목표를 세웠다. 학기 내내 도서관에서 살다시피 했다. 특히 마지막 시험을 앞두었을 때는 전공과 실습실에서 며칠 밤을 새기도 했다. 지도교수님이셨던 김선엽 교수님이 나를 두고 "사고 난 뒤에 무섭게 변했네."라고 말씀하셨다. 밤샐 때 배고프겠다며 실습실에 커피포트와 컵라면도 가져다주셨다. 결국 목표한 과목에서 최고 점수를 받았다. 사고 후 처음으로 이룬 목표였다.

나는 형님에게 빚진 돈 250만 원을 갚기 위해서 학기 중 주말은 대구에 있는 전기공사 현장에서 일했다. 축제 기간에도 놀지 않고 일주일간 공사 현장에서 더위와 추위를 이기면서 악착같이 일했다.

그해 겨울 건설사 과장이셨던 당숙에게 돈을 많이 벌 수 있는 일자리를 부탁드려 대구 대동은행 본점 신축공사 현장을 소개받았다. 전기공사 인부로 채용돼 거의 매일 아침 7시부터 밤 10시까지 현장에서 일을 했다. 출퇴근 시간과 밥 먹고 잠자는 시간을 제외하고 하루 14시간을 펜치를 들고 전기공사를 했다.

24세의 나이에 양 손바닥에 거북 등짝 같은 굳은살이 생겼다. 손가락을 너무 많이 사용해서 손가락 관절이 굳어버리는 바람에 아침에 양말을 제대로 못 신을 정도였다. 아르바이트 기간 동안 신세졌던 사촌형님이 양말을 대신 신겨주기도 했다. 지금 생각해도 처절한 몸부림이었다. 개강이 가까워졌을 때쯤 매일 야근해서 번 돈으로 드디어 빚을 모두 갚을 수 있었다. 이렇게 내 힘으로 빚 갚기 프로젝트는 끝내 성공했다.

스스로 목표를 세우고 모든 것을 쏟아부었다

나는 전공 과목 1등과 빚 갚기 프로젝트로 자신감을 얻었고 이때부터 다른 꿈을 꾸기 시작했다. 공사 현장에서 열심히 일하다 보니 현장소장한테 인정을 받았다. 그런데 급여는 나보다 한 살 더 많은 현장대리가 많이 받는다는 사실을 알게 됐다. 그는 전기기사 자격증이 있다는 이유로 나보다 직책도 높았다. 물리치료사보다 많은 급여를 받았고 회사에서 차와 핸드폰도 지급됐다. 나도 자격증을 따서 좋은 대우를 받고 싶다는 생각을 했다.

방학이 끝나갈 때쯤 현장대리에게 어떻게 자격증을 취득했는지 알아보았고 전기기사 자격증을 취득하기로 결심했다. 새 학기가 시작되고 나서 학자금 대출 100만 원을 신청했다. 학원 수강료는 50만 원이었다. 거기에 책값에다 자격증을 딸 때까지 아르바이트를 못하기 때문에 필요한 생활비도 계산해야 했다. 자격증을 따겠다는 결정은 나 혼자 했다. 그러니 집에는 손을 벌리지 않을 작정이었다. 이때부터 낮에는 학교에서 전공 수업을 듣고 수업이 끝나면 학원으로 달려가 강좌를 수강하고 새벽까지 복습을 했다. 물리치료과는 의학 쪽이어서 영어 공부와 전공 공부를 병행해야 했다. 전기는 공학 쪽이어서 공학계산기를 들고 고등학교 이후로 그만둔 수학 공부를 다시 했다.

한 가지 공부도 제대로 못하면서 두 가지를 준비한다고 비아냥거리는 과 동기들도 있었다. 하지만 나는 '두고 봐라. 얼마 안 가서 내가 웃는 날이 반드시 올 거야.'라는 오기로 더욱 치열하게 자격증 공부를 했다.

자격증 시험 준비생들 대부분은 전기과 전공 학생들이었고 나처럼 비전공자는 거의 드물었다. 1차 필기 객관식 시험에서 응시생 중

반 정도가 합격했다. 나도 합격자 명단에 있었다. 1차 시험 합격 뒤에 바로 2차 실기 주관식 시험을 준비했다. 마침 3학년 2학기 방학 때여서 자격증 공부에 집중할 수 있었다.

당시에 나는 형님 집에 기거하고 있었는데 새벽까지 공부하다 보면 배가 고팠다. 밥이 없을 때는 마른 김과 형님이 사놓은 캔맥주로 허기를 채우면서 공부했다. 시험이 2주 남짓 남았을 때는 도서관에서 공부하다가 집에 밥 먹으러 갈 시간이 없어서 슈퍼에서 딸기우유와 빵으로 저녁을 때우곤 했다. 밥 사 먹을 돈이 부족해서 선택했던 메뉴였다. 이때의 심정이 얼마나 힘들고 처량했는지 그 후로 지금까지 딸기우유를 먹지 않는다.

2차 시험을 무사히 치르고 난 날 시험장을 나서는데 지난 6개월 자격증 공부에 쏟았던 노력과 기억이 필름같이 눈앞을 지나갔다. 행복했다. 스무 살이 넘어 성인이 된 뒤 스스로 목표를 세우고 내가 가진 모든 것을 쏟아부어 후회 없는 노력을 했기 때문이다. 시험 결과와 상관없이 최선을 다한 사람만이 느낄 수 있는 행복을 처음으로 느껴본 것이다.

2주 뒤 나는 전기공사기사 2급 자격증 시험에 최종 합격했다. 최종 합격률이 극히 낮았다는 사실은 나중에 학원장님을 통해 알았다. 내 인생에서 스스로 판단하고 시도한 첫 도전이었고 모든 노력을 다 쏟고 난 뒤에 얻은 성공이었다. 이때부터 나는 어떤 일이든 해낼 수 있다는 자신감이 생겼고 결심하면 뭐든 곧바로 실행에 옮기기 시작했다.

작은 도전, 작은 실천, 작은 성공, 파생효과라는 성공 원리를 적용한 두 번째 결과였다. 전기기사 자격증 시험에 합격한 후에 2학기 부터는 물리치료사 국가고시를 마음 편하게 준비할 수 있었다. 1학기 때 나를 비웃던 동기들은 국가고시를 앞두고 극심한 스트레스에 시달렸다. 하지만 나는 편한 마음으로 국가고시를 준비했고 당당히 합격했다.

작은 성공 습관의 실천이
결국 기적을 만들어낸다

전기기사 자격증을 취득한 후 내 인생에 작은 변화가 생겼다. 동기들은 대부분 병원 물리치료실에 취업을 했다. 하지만 나는 물리치료실에도 전기공사 업체에도 취직하지 않았다. 대학 교수가 되겠다는 꿈을 꾸기 시작했다. 당시에는 물리치료과를 나와서 제일 성공했다고 생각하는 사례가 대학병원에 취업하거나 물리치료과 교수가 되는 것이었다. 나의 꿈은 임상교수가 되는 것이었다.

모든 의료 관련 학과는 국가고시 합격이 제일 중요하다. 그래서 모든 과목이 국가고시 위주로 편성되어 있었다. 물리치료과도 마찬가지였다. 학생들은 학교에서 국가고시 위주로 공부하고 올인할 수밖에 없었다. 그러다 보니 졸업을 하고 막상 임상에 투입되면 실제 환자를 치료하는 실전 테크닉이 부족했다. 물리치료과를 졸업하고 실전에 투입된 신입 물리치료사들을 보면 환자 치료를 거의 할 줄 몰랐다. 임상에 투입되면 환자 치료에 필요한 실전 테크닉을 배우기 위해 다시 학회에서 공부 해야 하는 것이 현실이었다.

임상교수가 되겠다는 꿈을 품게 되다

나 역시 그 길을 걸어왔다. '학생들이 졸업하고 임상에 투입될 때 현장에서 바로 환자를 치료할 수 있도록 실전 치료 테크닉을 가르칠 수는 없을까?' 내가 임상교수가 되겠다는 꿈을 품게 된 것은 바로 그런 생각과 소망 때문이었다.

대학교수에 도전하는 동기는 한 명도 없었다. 하지만 나는 모교 강단에서 후배들을 가르치는 대학교수가 되겠다는 꿈을 이루기 위해 취업을 포기하고 안동대학교 물리학과에 편입했다. 요즘 같으면 학점은행제를 요긴하게 활용할 수 있었겠지만 당시에는 그런 게 없었다. 방송통신대학에서 학사학위를 취득하려면 몇 년이 걸릴지 몰랐다. 대학원 입학 자격을 얻기 위해서는 학사학위가 필요했는데 제일 빠른 길로 편입을 선택한 것이다. 이때 편입등록금과 생활비는 모두 전기기사 자격증으로 벌어들인 수입으로 충당할 수 있었다. 모자라는 돈은 전기공사 현장에서 아르바이트를 하면서 충당할 생각이었다.

남들보다 한 발 앞서 나가기 시작했다

공사 현장에서 아르바이트를 하다가 도전했던 전기기사 자격증이 이렇게 파생효과를 일으켜 교수라는 또 다른 꿈에 도움이 될지는 미처 몰랐다. 게다가 당시 물리학과 학생들은 취업이 잘 되지 않아 전기기사 자격증 시험을 준비하는 사람이 많았다. 나는 이미 2급 자격증을 취득했기 때문에 4학년이 되고 나서는 1급 자격증 시험을 볼 수 있었다. 이 시험도 최종 합격했다.

나는 이때부터 남들보다 한 발 앞서가는 사람이 됐다. 어떠한 기적도 하루아침에 이루어지는 것은 아닌 것 같다. 구멍가게를 운영하던 사람이 갑자기 호텔을 경영할 수는 없다. 하지만 작은 모텔을 하다가 비즈니스 호텔을 해보고 더 큰 호텔을 경영하게 될 수는 있다. 언제나 시작은 작은 목표와 도전이다. 오늘 내가 하고 있는 작은 도전이 작은 실천을 이루고 작은 성공 습관을 만들면 그것이 쌓여서 결국 기적을 만들어내는 것이다.

눈앞의 목표가 작아도 소홀히 하지 않았다

대학 졸업 후 예천의 한 정형외과의원 물리치료실에서 실장으로 근무했다. 작은 병원이었고 근무 조건은 토요일과 공휴일 오후 5시까지, 일요일은 오후 1시까지였다. 한 달에 2일 정도만 쉬는 열악한 조건에 급여도 많지 않았다. 하지만 일주일에 한 번 대학원 수업에 갈 수 있도록 배려해줘서 입사를 결정하고 대구대학교 재활과학대학원 석사과정에 등록했다. 일과 공부를 병행하느라 밥 먹을 시간도 없이 바빴지만 물리치료실의 후배들이 실장을 맡아달라는 요청을 거절할 수가 없었다. 당시에 나는 임상 경험이 많지 않아서 이를 보완하고자 주말에는 학회를 찾아다니며 임상 공부를 했다.

국내외 모든 학회의 강의를 다 수강했다

직장생활을 하는 4년 동안 주말에 거의 쉬어본 적이 없었다. 정형물리치료, 카이로프랙틱, 테이핑요법, 정골요법, 뇌신경조절 물리치료 등 국내 모든 학회의 강의는 다 수강한 것 같다. 서울에서 강좌가 있는 날은 새벽 첫차를 탔고 강의를 듣고 저녁차를 타고 내려오면 새벽이 돼서야 집에 도착하곤 했다. 때로는 직접 운전을 했다. 후배한테 30만 원에 인수한 국민차 티코를 타고 전국을 다녔다.

외국으로 배우러 가는 것도 주저하지 않았다. 지방의 작은 개인의원이었기 때문에 휴가를 낼 수가 없어서 직접 비용을 들여 아르바이트할 물리치료사를 구했다. 그렇게 해서라도 해외연수를 갈 기회가 있으면 주저하지 않고 다녀왔다. 운동선수들이 처치해서 지금은 많이 알려진 테이핑요법을 일본에서 처음 시작했을 때 아리가와정형외과에서 일주일 동안 숙식하며 배웠다. 중국 상하이중의약대학 사체해부학 과정에서는 직접 사체를 해부했다. 책으로만 보던 신경과 근육 등 몸속 장기들을 하나하나 보고 만지며 배울 수 있었다.

공부할 때와는 달리 막상 임상에서 치료를 하다 보면 한 가지 테크닉만으로 환자들의 문제가 모두 해결되지 않는다는 걸 알 수 있었다. 그러다 보니 더 많은 테크닉을 공부하게 됐고 배워온 테크닉을 환자들에게 적용해보고 장점만 모아서 나만의 치료 방식을 만들어 갔다. 결과가 좋게 나타나면서 점점 환자 치료에 자신감이 붙었다.

사람의 몸을 한 가지 테크닉으로 다 치료할 수 없다

사람 몸을 치료하는데 어떻게 하나의 테크닉으로 모든 걸 해결할 수 있으랴. 그 사실을 알고도 배운 것만 써먹으며 제자리에 머물러 있을 수는 없었다. 어떤 테크닉이 치료 효과가 있다는 얘기가 들리면 국내외를 가리지 않고 배우러 다니다 보니 장비 위주로 치료하던 일반 물리치료사와 달리 수기치료(도수치료)를 할 수 있는 능력을 갖추게 됐다.

어쩌면 임상 교수가 되겠다는 꿈을 꾸고 있었기에 가능했을지 모른다. 사람들에게 도움을 주기 위해서 미친 듯이 임상 공부를 했던 4년의 세월이 지나자 지역에서 능력 있고 치료 잘하는 물리치료사로 소문이 났다. 입소문은 나의 자리를 굳건히 만들어주었다. 이때 갈고닦은 실력은 나중에 교수의 꿈을 접고 병원 사업을 시작할 때 큰 밑천이 됐다. 의료재단 이사장으로서 성공 가도를 달릴 수 있었던 밑거름이 된 경험이었다.

누군가 남다른 성공 비법을 물어오면 나는 이때를 떠올리면서 대답한다. "눈앞에 이루어야 할 목표가 아무리 작은 것이라 해도 결코 소홀히 여기지 말고 미친 듯이 공부하세요. 지금 해야 할 그 순간에 충실히 하세요." 『성경』 말씀에도 있지 않은가. "너의 시작은 미약하였으나 그 끝은 창대하리라." 최선을 다해 작은 성공을 이루고 나면 자신감만 생기는 것이 아니라 반드시 두세 개의 파생효과를 얻게 된다. 내가 경험을 통해 깨달은 사실이다.

안동에 물리치료 잘하는 곳으로 소문나다

'교수가 되어 학생들을 가르치는 교육자로서의 외길을 걸을 것인가, 아니면 그동안 피땀 나게 공부해서 갈고닦은 실력으로 병원 사업을 시작해볼 것인가.'

석사 논문이 통과되고 대학원을 졸업할 때즈음 고민이 깊어졌다. 물리치료사 실력만으로도 병원 사업에 성공할 수 있다는 것을 사람들에게 증명하고 싶었다.

학위증명서, 임용지원서, 논문발췌록 등 교수 임용 지원서류를 준비하면서도 고민은 계속됐다. 우리 사회에서 대학교수가 된다는 것은 사회적인 지위와 안정적인 수입이 보장되는 꿈의 직장을 얻는 것을 의미했고 물리치료사들에겐 선망의 대상 그 자체였다. 반면에 미

국처럼 물리치료사가 단독 개원을 할 수 없는 우리나라에서는 물리
치료사의 실력만으로 수입을 늘려서 병원 사업에 성공하겠다는 것
자체가 무모한 도전이었다.

두 마리 토끼를 다 잡고 싶었다

나 또한 나약한 인간인지라 교수라는 직장인으로서 안정적인 삶
을 살아가고 싶은 마음이 들었던 것도 사실이다. 그렇지만 4년 동안
전국 방방곡곡으로 해외로 미친 듯이 공부해서 쌓은 실력으로 내 사
업을 하는 사업가로서 성공하고 싶은 욕구가 강하게 들었다.

깊은 고민 끝에 결국 두 마리 토끼를 잡기로 결정했다. 모교에서
겸임교수를 하면서 나머지 시간은 내 인생의 새로운 목표인 병원 사
업에 도전하기로 한 것이다. 겸임교수는 외래강사와는 달리 수업과
목이 일주일에 8시간 배정되어 있었다. 내가 임상에서 경험한 테크
닉들을 졸업을 앞둔 학생들에게 전해줄 수 있는 시간이 충분했다.

석사과정 5학기를 졸업하고 아는 선배 소개로 안동의 남주현의원
원장님을 찾아뵈었다. 원장님은 30년간 피부비뇨기과의원을 운영
해오셨는데 연세도 많으신 데다가 수익성이 많이 떨어져 돌파구를
찾고 계셨다. 원장님의 생각과 내 젊은 의기가 투합하여 원장님은 공
간을 제공하고 나는 인테리어와 장비를 투자해서 피부비뇨기과에

물리치료실을 만들기로 결정했다.

나는 단순히 월급을 받는 것이 아니라 물리치료실 수입에 따라 수익이 달라지는 성과급제를 제안했다. 원장님 입장에서는 피부비뇨기과 수입은 그대로 원장님 수입으로 가져갈 수 있고 물리치료실 수입에 대해서는 플러스 수익을 보는 구조였기 때문에 마다할 이유가 없었다.

나는 퇴사 후 한 달 동안 개원을 준비했다. 문제는 수중에 돈이 없다는 것이었다. 직장생활을 하는 동안 모아놓았던 3,000만 원은 형님 사업이 어려워져 빚잔치로 쓰였고 부업으로 쇼핑몰을 운영하면서 번 돈은 부모님 집을 지어드렸다. 퇴직금과 남은 돈이 1,000만 원밖에 되지 않았다. 속된 표현으로 '빈 깡통'이었기에 주변에서 도움을 받았다.

인테리어 공사비 2,000만 원은 수익이 나면 갚으라며 당숙이 일단 작업해주셨다. 물리치료실 장비는 중고로 마련했다. 태백에서 한의원을 운영하시던 우동수 원장님이 나중에 벌어서 갚으라면서 안 쓰는 장비를 내주셨다. 수중에 있던 1,000만 원은 홍보비, 비품비 등으로 거의 다 썼다. 30년간 피부비뇨기과로 운영되면서 낙후되고 침침했던 병원 건물에 물리치료실을 만들고 새로이 출발한다는 것을 알리기 위해 병원에 새로운 간판과 전광판을 설치했다. 입구는 유리문으로 교체하고 병원 전체를 새로 도색했다.

개원식을 알리기 위해서 읍면동별로 무작위로 홍보지를 보내기로 했다. 홍보물에 넣을 사진을 찍고 봉투에 넣고 발송하는 것도 후배 물리치료사였던 지금의 아내와 단둘이 했다. 개원 준비는 쉽지 않았지만 이 경험은 그 뒤로 병원 사업을 확장하면서 개원식을 할 때마다 큰 도움이 됐다.

2003년 11월 27일 운명 같은 나의 첫 병원 사업이 시작됐다. 개원 첫날은 홍보물의 효과가 있었던지 인산인해를 이루었다. 그런데 다음 날은 환자가 반으로 줄었고 그다음 날은 첫날의 3분의 1로 줄어들었다. 그 뒤로 석 달 동안 환자가 매일 30명을 넘지 않았다. 야심차게 준비했고 누구보다도 실력 면에서는 자신이 있었다. 그런데 환자는 늘지 않았다.

나와 아내는 꾸준히 임상을 공부해왔기 때문에 치료 수준이 꽤 높았다. 우리는 최선을 다해 환자를 치료했고 매우 친절하게 대했다. 그런데도 환자가 늘지 않았다. 불안했고 스트레스를 받아 밤에 잠을 못 자는 날이 많았다. 이대로 환자가 늘지 않아서 실패하면 어쩌지? 내 능력이 이 정도밖에 안 된다는 건가?

실력을 쌓기 위해 누구보다 지독하게 노력했는데……. 내가 실패하면 나를 롤 모델로 삼고 따라오려는 후배들에겐 희망이 없어지는 것이었다. 나는 무엇보다 이 점이 견디기 힘들었다. 잠 못 들고 힘든 날이 3개월 동안 계속됐다. 대학에서 겸임교수로 학생들을 가르치고 사업에도 성공해서 후배들에게 롤 모델이 되겠다는 것은 허상이었나. 아마도 내 인생에서 제일 힘들었던 시기를 꼽으라면 바로 이때의 3개월이 아닐까 싶다.

그런데 3개월이 지나자 환자가 늘기 시작했다. 4개월째는 40명, 5개월째는 50명, 6개월이 지나자 평균 60명으로 늘어났다. 하루 50~60명을 넘어 많게는 90명까지 환자들로 붐볐다. 소위 말하는 대박이 터졌다. 이때는 너무 바빠 점심 먹을 시간도 없었다. 밥 안 먹어도 배가 부르다는 말을 실감하면서 갑자기 환자가 늘어난 이유를 분석해보았다.

개원하고 첫 3개월 동안 매일 방문한 환자 30명 중 30%인 8~9명은 새로운 환자였는데 그들이 치료에 만족하고 입소문을 내준 것이다. 매일 새로운 환자가 8~9명씩 방문하고 다시 입소문을 내고 하는데 3개월의 시간이 걸린 것이다. 그 뒤로 병원은 항상 환자들로 북적거렸다.

환자들의 이름뿐만 아니라 아픈 부위까지 외웠다

우리 병원을 찾은 환자들은 무엇에 만족해서 입소문을 낸 것일까?

대부분 다른 병원의 물리치료는 전기치료, 즉 장비가 대부분을 차지하고 손으로 하는 도수치료를 잘하지 않았다. 이유인즉슨 손으로 하는 척추교정, 테이핑요법, 정형물리치료 등의 도수치료는 수가에 포함되지 않았기 때문이다. 이런 도수치료를 해준다고 해서 병원에서 월급을 더 주는 것도 아닌데 물리치료사가 자기 몸만 힘들고 번거롭기만 한 치료를 굳이 해야 할 이유를 찾지 못한 것이다.

그런데도 나는 도수치료를 선택했다. 우리 병원의 핸디캡을 극복하기 위해 물리치료실을 특화해야 했다. 아무리 객관적으로 생각해봐도 환자들이 우리 병원을 선택할 이유가 별로 없었다. 원장님이 당시 연세가 72세였던 터라 젊은 의사처럼 진료를 적극적으로 하는 병원도 아니었다. 병원에 엑스레이 기계도 없었고 인테리어도 별로였다. 우리 병원에 환자가 몰려들 호재가 아무리 봐도 없었다. 그래서 무료로 도수치료를 해주었다.

우리 병원에서 치료를 받은 분들은 만족해했고 친구와 가족들 중 아픈 분을 데려왔다. 충성고객이 된 것이다. 물리치료 잘한다고 소문을 듣고 왔다는 환자분들의 이야기가 그렇게 고마울 수가 없었다. 아내와 나는 방문하는 한 분 한 분에게 가족을 치료하는 것과 같이 최선을 다했다.

우리는 점심시간에 밥숟가락을 뜨다가도 환자가 오면 바로 맞이했다. 예전에 직장생활을 할 때는 점심 때 환자가 오면 기다리게 했다. 그런데 내 사업이 되니 소중한 고객을 기다리게 할 수가 없었다. 밖에서 점심을 먹을 생각은 아예 하지 못했다. 어머니가 싸주신 밥과

국을 핫팩통(찜질기)에 데워서 환자가 없는 시간에 허겁지겁 먹었다.

1년 반 동안 물리치료실을 운영하면서 아내가 점심 한번 마음 편하게 제대로 먹지 못한 것이 늘 미안했다. 후에 K정형외과(현재는 다른 분이 운영하고 있어 이름은 밝히지 않는다)를 운영할 때는 점심시간에 식당 여사님들이 해준 밥을 제시간에 먹으니 아내가 병원 이사장 사모님이 된 것보다 더 행복하다고 말할 정도였다.

나는 병원에 온 환자들의 이름뿐만 아니라 아픈 부위까지 다 외웠다. 만일 길거리에서 만난 허리 아픈 환자에게 "어깨는 좀 어떠세요?"라고 묻는다면 묻지 않은 것만 못하게 되니까 말이다. 이름에다가 아픈 곳까지 알아주니 환자들은 무척 고마워했고 자진해서 우리병원의 홍보맨이 됐다. 심지어는 그 어렵다는 관계인 사돈까지 같이와서 치료받는 일도 있었다.

친절은 기본이었고 치료 효과까지 좋았으니 환자도 늘고 수익도 늘어났다. 6개월이 지나고 인테리어 공사비와 장빗값을 다 갚았다. 이로써 처음 시작한 나의 의료사업은 성공 체험으로 남았다.

열심히 살았던 과거가 담보가 된다

남주현의원을 안정적으로 운영한 지 1년즈음 됐을 때 의원보다 더 큰 병원을 직접 운영해보고 싶다는 생각이 들었다. 의료법인 이사장이 되어 직접 경영을 해서 멋진 병원을 만들고 싶다는 꿈을 꾸기 시작했다.

다 까먹으면 어떻노? 아직 젊은데!

이지성 작가가 『꿈꾸는 다락방』에서 말한 것처럼 생생하게 꿈꾸었기 때문에 기회가 온 걸까. 의료법인 이사장으로 병원을 운영하는 꿈을 꾼 지 석 달이 채 지나지 않아 거짓말처럼 기회가 찾아왔다.

안동에서 의료법인이 운영하는 K정형외과가 경영 악화로 새로운 운영자를 찾고 있었다. 문제는 그 병원을 정상화할 자금 5억 원이 있어야 의료법인의 대표가 될 수 있다는 것이었다.

남주현의원 물리치료실을 개원할 때도 1,000만 원으로 시작했는데 5억 원이라는 금액이 내 수중에 있을 리가 없었다. 부모님이 농사지으시는 땅을 다 팔아도 1억 원이 안 될 처지였다. 5억 원은 내가 도저히 감당할 수 없는 금액인 것 같았다. 좋은 기회이지만 포기하자고 마음먹었다. 그렇지만 답답한 심정은 어찌해볼 도리가 없어서 평소에 나를 아끼셨던 안동대학교 현태덕 교수님을 찾아뵀다. 현 교수님은 내가 치료해 드리는 환자이자 은사이신 주민 교수님의 사부님이셔서 내가 살아온 삶을 잘 알고 계셨다. 좋은 기회가 있는데 경영 정상화 자금이 너무 커서 포기해야겠다고 말씀드리자 교수님은 내 인생에 전환점이 되는 말씀을 하셨다.

"5억이라는 돈이 적진 않지만 다 까먹으면 어떻노? 아직 젊은데 새로 시작하면 되지. 그리고 이 선생은 이때까지 열심히 살아왔으니 잘할 끼다. 내가 힘이 될 수 있다면 도와줄게."

33세에 인덕의료재단의 이사장으로 취임하다

그리고 다음 날 퇴직금을 담보로 8,000만 원을 빌려주셨다. 그때부터 할 수 있겠다는 생각이 들었다. 친구와 선배들에게 돈을 빌리기 시작했다. 물론 처음부터 무작정 돈을 빌려달라고 하진 않았다. 앞으로의 나의 계획과 꿈에 대해 설명하면서 그 꿈을 이루기 위해 자금이 필요하니 여유가 있으면 투자해달라고 요청했다. 당시 금리가 연리 3%밖에 안 될 때였는데 나는 연리 12%를 제안했다. 1억 원을 빌려주면 이자로 월 100만 원을, 1,000만 원을 빌려주면 월 10만 원을 주기로 약속했다.

높은 금리의 이자가 맞물렸던 이유도 있었겠지만 지인들은 항상 최선을 다해 살아왔던 나를 믿고 돈을 빌려주었다. 대기업에 다니던 친구는 흔쾌히 5,000만 원을 내놓았다. 3,000만 원을 빌려준 후배, 5,000만 원을 빌려준 선배 등 여러 사람의 도움으로 병원 이사장의 꿈이 생생한 현실이 됐다. 2005년 5월 1일 나는 의료법인 인덕의료재단의 이사장으로 취임했다.

눈앞의 이익을 버리면 고객이 감동한다

이사장이 되어 K정형외과의 재정 상태를 살펴보니 심각했다. 한 달 매출이 6,000만 원인데 지출은 6,500만 원으로 매달 적자가 나고 있었다. 병원 운영을 맡고 제일 먼저 한 일은 직원 면담이었다. 일대일로 직원들을 만나 나도 물리치료사 직장인 출신이고 앞으로 병원이 잘 운영되면 그 이익을 함께 나눌 테니 같이 열심히 해보자고 말했다. 그러나 대부분 반응은 냉랭하기만 했다.

조직에 생기를 불어넣는 데 나중이란 말은 통하지 않는다

불만사항을 들어보니 월급 인상이 안 되어 열심히 해봤자 보람이 없다는 것이었다. 당시 병원이 적자로 매우 어려웠으니 이전 대표도 월급을 인상해주기가 어려웠을 것이다. 나는 일하는 분위기를 만들기 위해 직원 월급을 인상하기로 결정했다. 당시 원무과장이자 현재 우리 재단의 사무국장인 이철수 국장은 재정도 어려운데 정상화된 뒤에 하자고 했다. 하지만 나는 생각대로 밀어붙였다. 침체된 조직에 생기를 불어넣는 데 나중이란 말은 통하지 않을 것임을 직감적으로 느꼈기 때문이다. 월급을 인상하자 직원들이 바뀌기 시작했다. 뭔가 열심히 해보자는 분위기가 만들어졌다.

이어서 입원실 교통사고 환자 중에 일명 '나이롱 환자'들을 모두 퇴원시켰다. 당시엔 교통사고가 나면 보상금을 노리고 별로 아프지 않아도 입원하는 것이 관행이었다. 서류상으로는 병원에 입원해 있지만 실제로는 집에서 지내는 나이롱 환자들도 있었다. 나는 직접 병실을 돌아보고 병원에 없는 환자는 모두 퇴원시키라고 원무과장에게 지시했다. 그 결과 입원환자 25명이 3일 만에 5명으로 떨어졌다.

당시 어려웠던 병원 상황을 고려하면 쉽게 내릴 수 있는 결정은 아니었다. 내겐 생각이 있었다. 아내와 함께 물리치료실에서 환자들을 직접 치료하며 어려운 상황을 극복할 자신이 있었다. 남주현의원에서 했던 것과 같이 지위고하를 막론하고 환자라면 누구나 정성을 다해 무료로 도수치료를 했다.

하루는 급성 염좌로 치료를 받은 환자가 통증이 너무 심해 움직이지 못하겠다고 전화를 해왔다. 급성 염좌인 경우 처음 통증이 발생하고 3일간 급성기 때는 열치료를 하지 않고 냉치료를 하는 것이 원칙이다. 급성기 때 열치료를 하면 염증이 증가해 통증이 더 심해지기 때문이다.

그런데 이분이 치료를 받고 나서 집으로 가는 길에 목욕탕에 들러 따뜻한 물에 몸을 담궜다고 했다. 앞으로 이틀 정도는 온열치료를 하면 안 되고 냉치료만 해야 한다고 했던 내 이야기를 흘려들은 것이다. 보통의 경우라면 "내일 다시 병원으로 오세요."라고 하면 될 일이었다. 하지만 환자가 통증이 너무 심하다고 고통을 호소해 내가 이분 집에 찾아가 다시 냉치료를 해주었다. 좌우 허리근육을 움직이고 일어설 수 있는지 확인한 다음 집으로 돌아왔다. 이후로 이분은 우리 병원의 충성고객이 됐다.

어떤 분은 청주에 계신 부모님의 치료를 간곡히 부탁했다. 일요일밖에 시간을 낼 수 없다고 해서 쉬는 날이지만 일요일에 출근해서 이분을 성심껏 치료했다. 이후에 이분이 소개한 환자가 20명이 넘는다. 『육일약국 갑시다』에서 저자 김성오 대표는 1.5배의 노력을 해서 고객을 감동시키면 충성고객이 된다고 했다. 우리 병원이 바로 그런 사례였던 것 같다.

정도경영이 늦은 길 같지만 제일 빠른 길이다

환자들이 감동하는 사례가 늘어나면서 상황이 역전됐다. 이사장 취임 당시 외래 물리치료 환자가 100명이었는데 아내와 내가 직접 치료하면서부터 늘어나기 시작했다. 첫 달에 130명, 둘째 달에 140명, 셋째 달에 150명이 넘었다. 입원 환자를 내보내면서 줄어든 수입을 외래 물리치료 수입으로 메운 것이다.

물리치료 잘하고 친절하다는 입소문이 나면서 교통사고 환자들도 우리 병원에 입원하는 사례가 늘었다. 사고가 나기 전부터 아팠던 곳까지 한꺼번에 물리치료를 받으려고 우리 병원에 입원한 것이다.

외래 환자와 더불어 입원 환자까지 증가하자 3개월 만에 월 매출이 1억 원을 돌파했다. 수술이 거의 없는 정형외과에서 매출 1억은 꿈의 숫자였다. 원칙을 지키면서 정도경영을 하는 것이 늦은 길 같지만 제일 빠른 길임을 증명했다고 나는 생각한다.

2장

존엄케어는 삶에 대한 존중이다

"내가 노인이 되었을 때 가고 싶은
병원을 만든다!"

노인의료에 첫발을 딛다

K정형외과가 안정적인 운영 체계를 갖춰갈 무렵 의료법인을 관할하는 경북도청에서 연락이 왔다. 내가 운영을 맡은 법인의 설립 허가가 일정기간 지났으니 법인 부지에 법인 건물로 병원급 의료기관을 만들어야 한다는 것이었다. 말인즉슨 지금 운영하는 정형외과가 임대 형태이니 자가건물(법인 소유 건물)로 병원급 의료기관을 운영하라는 것이었다.

나에게는 그야말로 청천벽력 같은 소식이었다. 적자였던 병원을 맡아서 어렵게 3개월 만에 정상화시켰는데 이제 또 병원을 지어야 한다니 이 얼마나 황당한 이야기인가. 정형외과의 경영 정상화 비용에 들어간 5억 원도 겨우 빌려서 도전한 것이었다. 그런데 새로 병원

부지를 매입해서 건물을 신축해야 한다면 몇십 억 원이 들어갈지 모르는 큰 공사다. 도저히 엄두가 나지 않았다.

하지만 병원 신축을 하지 않으면 법인 행정이 어려움에 처할 상황이었다. 애써 정상화시킨 정형외과 운영도 물거품이 되는 절체절명의 순간이었다. 이대로 포기할 것인가, 아니면 신축을 할 것인가? 고민에 고민을 거듭했지만 사실 답은 정해져 있었다. 건물을 신축하지 않으면 정형외과 운영도 어려워지기 때문에 신축을 하는 수밖에 없었다. 결국 신축을 하기로 결정했다.

뜻이 있으면 길이 있는 것인가 보다

뜻이 있으면 길이 있는 것인가 보다. 자금 마련 방안을 고민하던 중 신용보증기금에서 좋은 소식이 왔다. 내가 운영을 맡은 기간 동안 매출이 50% 늘어 신용등급이 올라가면서 재무제표상 우량기업으로 평가됐던 것이다. 병원 지을 땅만 확보한다면 건축자금을 대출해주겠다고 했다.

좋은 소식은 또 있었다. 건설사 대표인 당숙이 내가 병원을 지어야 한다고 하니 신용보증기금 대출금을 가지고 먼저 공사를 하고 잔금은 병원 개원 뒤에 월별로 분할상환하라고 배려해주셨다. 대구에서 내가 전기공사 아르바이트를 할 때부터 봐왔던 분이라 평소에 나의 성실함과 근면함을 잘 알고 있어서 그러셨을까. 나에겐 가뭄의 단비 같은 소식이었다.

당시 2006년은 우리나라가 고령화 시대로 본격적으로 접어들던 시기였다. 나 또한 노인요양병원 사업에 관심을 가지고 있던 차라 노인요양병원을 하겠다고 결심하고 병원 부지를 사방으로 물색하고 다녔다. 당시 안동에는 운영되고 있는 노인요양병원이 있었고 지역의 종합병원도 신축해서 이전하면서 구 병원 건물을 노인요양병원으로 운영하기 위해 리모델링을 하고 있었다. 처음부터 치열하게 경쟁하면서 시작한다면 성공 확률이 떨어지리라는 걸 본능적으로 감지했다.

처가인 예천에는 노인요양병원이 없었다. 예천 지역은 지역색이 강해서 외부인이 투자하기를 꺼렸다. 이런 점 때문에 나는 오히려 경쟁력이 있을 것이라 믿었다. 내 고향은 안동이지만 처가인 예천에 노인요양병원을 짓기로 했다. 남들이 가지 않는 길을 가야 성공한다는 나의 비즈니스 신념이 발휘된 선택이었다.

예천읍 청복리, 지금의 경도요양병원 부지를 1억 원에 매입하기로 결정했다. 하지만 나에게는 1억 원이 없었다. 사정을 알게 된 당숙이 부지 매입비 1억 원 중 5,000만 원을 빌려주셨다. 나머지 5,000만 원은 앞서 의료재단 인수 때 8,000만 원을 빌려주신 현태덕 교수님이 추가로 빌려주겠다고 하셨다. 그렇게 절대 불가능할 것 같았던 병원 신축이 한 걸음씩 진행되었다. 신용보증기금 대출보증서가 발급되었고 공사는 4월부터 들어갔다.

환자 중심 서비스를 하는 데 외관은 중요하지 않다

경도요양병원 건축공사를 하기 전에 건설사를 운영하는 당숙과 전국의 요양병원을 다니며 벤치마킹했다. 방문했던 병원 대부분은 노인병원 특유의 냄새가 났고 환자를 위한 배려가 많이 아쉬웠다. 채광이나 환기가 설계에 반영된 곳도 거의 없었다.

나는 다녔던 병원들의 단점을 자세히 기록해놓고 설계에 직접 참여해서 필요한 시설과 채광, 환기 등의 모든 부분을 손수 챙겼다. 병실을 마주 보게 해서 맞바람이 통하게 하고 오전에는 동쪽 병실, 오후에는 서쪽 병실에 햇볕이 비치도록 했다. 어르신들은 햇볕을 보는 게 건강에 매우 중요한 요소로 작용하기 때문이다.

최근 우리 병원을 벤치마킹하러 오는 분들은 도로와 조화가 안 맞게 삐딱하게 배치된 건물이 이상하다는 생각을 하다가도 환자를 위한 서비스를 위해서 외관은 중요하지 않다는 내 설명에 고개를 끄덕이신다. 다른 병원에서 우리 병원의 설계를 활용할 때 이 부분이 본보기가 되고 있다.

차별화 경쟁력을 찾아내다

　2006년 경도요양병원 신축 당시 전국에는 200개 정도의 노인요양병원이 있었다. 병원 신축을 위해 벤치마킹을 많이 했다. 가까이는 안동부터 멀리는 수도권까지 20군데 정도를 방문했다. 대부분은 병동에 들어서자마자 노인 특유의 비릿한 냄새가 났다. 그때마다 '내가 고객이라면 어떨까?'를 생각해보았다. 내 부모를 모실 때 냄새 나는 병동에 입원시키고 싶을까? 의문이 들었다. 당장 나부터도 싫을 것 같았다. 신축하는 우리 병원은 냄새가 안 나는 곳으로 만들어야겠다고 마음속으로 다짐했다.

가격은 지방 수준으로 하고 서비스는 시립급으로 하다

벤치마킹했던 병원들 중에서 마음에 쏙 들어오는 곳이 없었다. 마지막에 방문한 대구 시지노인전문병원은 들어가는 로비부터 깨끗했고 병동에 들어서도 냄새가 하나도 안 나서 신기했다. 얼마 지나지 않아 이유를 알게 됐다. 이곳에서는 간병사 1인당 환자 6인을 배정했다. 그동안 다녔던 대부분 병원은 병실에 10인 이상의 환자를 두고 간병사 1인이 근무하는 식이었던 것에 비하면 획기적인 모습이었다. 간병사가 환자를 6인만 돌보니 냄새 없는 깨끗한 병원이 가능했고 직원들은 친절했다.

문제는 비용이었다. 당시 월 병원비가 50만 원, 간병비가 100만 원이 들어가니까 고객이 부담해야 하는 월 비용은 대략 150만 원이었다. 냄새가 났던 다른 병원은 병실 두 곳의 환자 10인 이상에 간병사를 1인 배치하면서 간병비 40만 원, 병원비 40만 원 해서 도합 80만 원이었다. 시지노인전문병원보다 간병비는 저렴했지만 간병인 수가 부족했고 당연히 서비스 질이 떨어지면서 냄새가 날 수밖에 없었다.

나는 대구에 다녀온 뒤로 우리 병원의 차별화 전략을 고민했다. 최종 구상한 방법이 가격은 지방 수준으로 하지만 간병 서비스 수준은 시지노인전문병원급으로 한다는 것이었다. 고객이 부담해야 할 간병비 포함 병원비는 80만 원으로 하지만 간병사를 8인실당 한 명을 배치하기로 했다.

　당시 간병사 인건비가 90만 원 정도였으니 하루에 두 분이 2교대 근무하면 필요한 간병비가 병실당 180만 원이 소요됐다. 간병비 적자가 나는 상황은 아니었다. 인근 병원은 두 병실에 간병사 1인을 배치해서 12인이 넘는 환자를 돌보게 했다. 이에 비하면 병실 환자 8인당 간병사 1인을 배치한 나의 차별화 전략은 탁월한 선택이었다. 입원한 분을 병문안하러 왔던 분들이 시설이 깨끗하고 냄새 없고 방마다 전담 간병인이 배치되어 있다고 입소문을 내기 시작했다.

　개원하고 10일 동안 환자가 10명을 넘지 못했는데 입소문 덕분에 10일이 지나면서 환자가 늘어나 1개월째에는 80병상에 환자가 다 채워졌다. 차별화 전략이 적중한 것이다. 환자가 많아져서 장례식장으로 사용하던 곳을 치매 환자가 생활하는 병동으로 전환했다. 치매 환자가 집같이 생활할 수 있도록 생활하기 편리한 공간으로 바꿨다.

　아이러니하게도 10년 전에 벤치마킹했던 시지노인전문병원의 직원들이 존엄케어와 감사·나눔 활동 현장을 배우기 위해 2016년 3월 우리 병원에 견학을 왔다

지역 환자들의 편의를 위한 외래진료 기능을 추가하다

예천 경도요양병원 개원 당시 2층 건물에 80병상만으로 시작했

던 이유는 건축자금이 부족했기 때문이다. 2층에 병동 환자가 다 채워지면 3층을 증축하기로 했다. 개원 2개월 만에 병상이 다 채워져 바로 증축공사를 시작해 다음 해 2007년 10월 186병상 증축을 완료했다. 그로부터 두 달 뒤 개원 1년 만에 병상이 다 채워졌다.

그리고 예천 지역 환자들을 위해 병원 기능도 새로이 세팅했다. 그전에 있던 예천 권병원은 응급실과 수술실 위주로 운영되었다. 그런데 예천 지역에는 급성기 환자를 위한 시스템을 갖춘 곳이 없어서 안동이나 대구까지 치료를 위해 다녀온다는 사실을 알게 돼 외래 시스템을 다시 들여다보게 된 것이다. 예를 들어 예천 지역에 만성신부전을 앓고 있는 신장투석 환자들은 이틀에 한 번씩 투석을 받아야 한다. 새벽에 집을 나서서 버스를 타고 안동에 있는 병원에서 투석을 받고 돌아오면 밤이 되어야 도착했다.

그래서 우리 병원은 급성기 병원에서 갖추지 못한 간병 시스템과 더불어 만성신부전 환자를 위한 신장투석실과 중풍 환자를 치료하는 전문재활 시스템을 갖추게 됐다. 지역 병원들과도 경쟁 관계가 아니라 상호보완적인 관계로 발전할 수 있었다. 이 점이 우리 병원의 성장에 많은 기여를 했다고 생각한다.

우리 병원에 투석실을 갖추고 나서부터 예천 지역의 혈액투석 환자는 오전이든 오후든 반나절만 시간을 들여 투석을 다 마칠 수 있었다. 환자들의 반응이 매우 좋았다. 중풍 환자도 마찬가지였다. 예천에 뇌경색, 뇌출혈 환자를 위한 재활치료를 하는 병원이 없어서 안동까지 다녀야 했던 환자들이 만족해했다.

우리 병원의 개원으로 예천 지역민들은 불편을 덜게 되었고 간병사를 모두 지역 주민으로 고용하면서 고용 창출 효과로 이어졌다. 지역민과 동반성장하는 결과를 만들 수 있었다.

발상의 전환으로 홍보 효과를 2배로 얻다

2006년 경도요양병원을 개원할 당시에는 경제적으로도 정신적으로도 개원식을 할 여유가 없어서 하지 못했다. 개원한 지 1년이 되던 달에 개원식 대신 군민과 함께하는 음악회를 개최하기로 결정했다. 내가 후원을 하고 있는 지역의 명성 있는 아리랑 팝오케스트라를 초청했다. 개원식에서 사람들에게 답례품과 음식을 대접하는 것보다는 문화행사를 개최해서 지역민과 함께하는 음악회를 해보자는 내 아이디어였다.

인구 5만 명 정도의 작은 군에서는 가족이 함께 음악회를 관람할 기회가 거의 없다. 예상대로 예천문화회관 2층까지 만석이 되고 성황리에 행사를 마쳤다. 이때 화환 대신 쌀을 받아서 사회복지공동모금회에 기부했다. 당시로서는 획기적인 발상이었다.

지금은 널리 확산된 화환 대신 쌀 받아 기부하기 문화를 10년 전에 실행한 것이다. 나중에 군수님로 선출되신 이현준 도의원께서 젊은 사람이 운영하는 병원은 뭐가 달라도 다르다며 칭찬하셨다.

가격이 아니라 서비스 질을 경쟁해야 한다

한국도 고령화 사회에 접어들면서 2000년대 초부터 노인의료가 시작됐다. 초기에는 노인요양병원이 부족했기 때문에 국가에서 노인요양병원 장려책을 폈다. 흔히 말해 돈이 된다는 소문이 나면서부터는 너도나도 노인병원 사업에 뛰어들면서 2007년 이후로 노인요양병원의 숫자가 가파르게 증가했다.

2016년 기준 노인요양병원 수는 1,400개를 넘어섰다. 내가 2006년 예천에서 경도요양병원을 개원했을 때 전국에 요양병원은 300개가 넘지 않았다. 이것이 매년 기하급수적으로 증가하더니 1,400개가 넘었다.

왜 노인의 인권은 보호받지 못하는가

애초 정부에서 노인요양병원을 장려한 이유는 일본같이 고령화 시대를 대비하는 차원이었다. 그런데 그 수요가 폭발적으로 늘면서 요양병원이 폭발적으로 증가했다. 부모를 집에서 모시는 대가족 중심의 사회 풍토는 이제 기대하기 힘들다. 여성의 사회 참여가 늘고 맞벌이 가족이 늘어나면서 햇가족 중심의 사회구조로 바뀐 지 이미 오래다. 그러다 보니 부모님을 집이 아니라 요양병원과 시설에서 모시는 것이 사회 문화로 자리 잡게 된 것이다.

공급자가 늘어나자 문제가 발생하기 시작했다. 간병비는 보험에 포함되지 않아 전적으로 환자나 보호자가 져야 하는 것이 문제의 발단이었다. 일본은 개호보험(한국의 장기요양보험에 간병보험을 합한 것)이라는 것이 있어 간병보험이 적용되기 때문에 노인들이 비용 부담을 덜 느끼면서 좋은 시설에서 생활할 수 있다. 반면 한국에서는 간병비에 큰 부담을 느껴 환자나 보호자가 서비스의 질보다는 비용이 싼 곳을 선택한다.

공급자가 늘어나자 많은 병원이 환자를 유치하기 위해 질과 서비스 경쟁을 하기보다는 제 살 깎아 먹기 식의 가격 경쟁을 시작했다. 간병비를 할인하거나 아예 받지 않는 병원도 생겨났고 심지어 법정 본인부담금까지 불법 할인하는 지경까지 갔다. 병원비나 간병비를 제대로 받지 않으니 제대로 된 인력을 고용할 수 없어서 서비스 질은 더욱 떨어지는 악순환이 반복됐다. 급기야는 인간의 존엄성을 훼손하는 신체 구속과 수면제 사용 등 화학적 억제도 만연하게 된 것이 현실이다.

언론에서 질 나쁜 요양병원이 도마 위에 오르기 시작했다. 노인요양병원은 냄새 나고 환자를 묶어놓고 인권을 유린하는 나쁜 병원으로 국민들에게 인식되었다. 그러던 중 발생한 사건이 2014년 장성요양병원 방화사건이다. 이때 21명이 사망하는 대참사가 발생했다.

사실 이 참사의 본질적인 원인을 살펴보자면 이렇다. 이날 병원에는 간병사는 한 명도 없이 간호조무사 혼자서 야간에 40명이 넘는 환자를 돌봤다. 화재가 나자 혼자였던 간호조무사는 환자들을 대피시킬 수 없었다. 결국 유독가스에 본인도 질식사하고 환자들도 사상했다.

정상적인 법정 본인부담금은 한 달에 60만 원 정도다. 그런데 방송에 보도된 것과 같이 장성요양병원은 한 달에 20만 원 정도밖에 받지 않았고 간병비는 말할 것도 없이 무료였다. 따라서 제대로 된 간병 인력을 수급하지 못했다. 특히 야간에는 더 취약한 상태였다. 결국 원인은 일본과 달리 한국은 간병보험이 없다는 데 있다.

이런 상황에서 환자 수에 대한 간병인력 규정도 없고 병원마다 자체적으로 간병인 수를 정한다. 간병비를 제대로 받는 곳은 한 병실의 환자 6~8인마다 간병인 1인을 둔다. 그런데 간병비를 할인하거나 아예 못 받는 병원은 대부분 두 병실의 환자 12~16인마다 간병인 1인을 두는 것이 현재 실상이다.

많은 수의 환자를 돌보다 보면 케어의 질이 당연히 떨어진다. 그러니 노인 환자 특유의 냄새가 나는 것은 기본이다. 배변감이나 요의를 느끼는 분에게 기저귀를 채우고 근무자를 조금만 힘들게 하는 분을 묶는 신체 구속이 만연하다.

의료진이라는 이름으로 인간으로서 존중받을 권리를 침해해서는 안 된다. 사람은 누구나 싫으면 싫다고 할 권리가 있다. 밥 먹기가 싫으면 싫다고 할 권리가 있고 기저귀 차기가 싫으면 싫다고 할 권리가 있다. 그러나 지금 한국의 노인요양병원은 공급자의 편의성 논리에 따라 기저귀를 차기 싫어도 차야 하고 그렇게까지 할 필요가 없어도 묶여야 하는 경우가 많다. 팔다리를 묶는 것은 그분의 인생을 묶는 것과 같은데도 말이다.

그러면 왜 환자나 보호자는 이런 질 나쁜 병원을 선택하는 것일까? 간단하다. 경제적인 문제다. 간병보험이 되지 않는 상황에서 간병비 전액을 환자 본인이 부담해야 하기 때문이다. 요양병원에서 제대로 된 서비스를 받으려면 법정 본인부담금 60만 원에 간병비는 6대 1 간병 기준으로 최소 45만~60만 원으로 도합 한 달에 100만 원이 넘는 금액을 부담해야 한다.

간병보험화는 존엄케어 확산의 시작이다

부모님을 제대로 모시기 위해 한 달 100만 원의 비용을 저소득층 보호자가 부담하기란 쉽지 않다. 내 부모님을 모실 병원으로 서비스 질이 좋은 곳인지 아닌지 따질 겨를이 없다. 가격만 비교해보고 저렴한 병원을 찾는 이유가 바로 여기에 있다.

일본처럼 돈 없는 노인도 병원에서 인간으로서 존중받기 위해서는 정부에서 간병보험화를 실시해야 한다. 간병보험화는 존엄케어 확산의 시작이 될 것이다. 돈 없는 사람은 질 나쁜 병원에 가야 하고 돈 있는 사람만 좋은 병원에 갈 수 있는 사회적인 폐단은 개선하는 것이 옳다. 인간으로서 기본적인 인권이 지켜질 수 있도록 전국 어떤 병원을 가도 간병비를 포함한 병원비 구조가 동일해야 한다.

물론 경제적으로 여유가 있는 분들은 개인 간병이나 4대 1 간병 등을 선택할 수 있다. 이 경우에는 기존과 같이 환자 본인 부담으로 하면 된다. 그러나 간병비가 부담되는 국민 대다수가 이용하는 6대 1이나 8대 1 간병 등은 정부에서 보험화를 통해 환자 인권을 기본적으로 보장해야 한다. 누구든지 언제 어디서라도 존엄성을 보장받기 위한 최소한의 케어를 받을 수 있어야 한다.

질 나쁜 병원들이 가격 경쟁을 하는 구도에서 서비스 질 경쟁으로 전환할 수 있도록 유도하면 환자 인권도 신장될 것이다.

한국형 존엄케어를 하기로 결심하다

2006년 노인병원을 개원하고 증축해서 병원 경영이 안정화되었을 때 선진 노인의료제도를 견학하기 위해 일본을 방문했다. 일본에 도착해서 처음 방문한 기관은 요양병원과 요양시설이 같이 있는 복합체였다.

병원 문을 열고 들어서는 순간 너무 놀랐다. 요양병원이라고는 믿을 수 없을 정도로 깨끗하고 냄새도 없었다. 병실은 4인실 이상은 찾아볼 수 없었고 정말 내 집 같은 분위기였다. 환자들은 환자복 대신 일상복을 입고 내 집처럼 생활하고 있었다.

한국의 요양병원은 죽기 위해 마지막으로 들르는 곳이라는 느낌이 강한 데 반해 일본은 병원 종사자들이 어르신들을 내 부모 모시듯이 존중하는 태도로 대해서 큰 충격을 받았다.

채광이 잘되는 방향으로 설치된 병실, 창문 하나로 환기가 잘되는 배치, 배회하더라도 직원 눈에 잘 띄는 구조, 환자가 잔존 기능을 사용할 수 있는 구조, 프라이버시를 중요시하는 공간, 집에서부터 사용하던 익숙한 물건과 가구들. 더욱 놀란 것은 병실 설계와 간병사 수였다. 병실이 우리나라의 원룸처럼 생활하는 데 불편하지 않게끔 설계되어 있었다. 환자 1~2명마다 돌봐주는 간병사나 간호사가 있었다.

우리와는 비교할 수가 없었다. 일본은 오래전부터 개호보험, 즉 간병보험이 잘되어 있어서 사회복지사나 간병사가 환자 케어에 최선을 다하고 있었다. 가히 일본은 노인 천국이라는 말을 들을 만했다.

한국형 존엄케어를 하겠다고 결심하고 선포식을 하다

둘째 날 방문한 다른 요양병원에서도 충격을 받았다.

목욕 문화가 발달한 일본인 만큼 온천 같은 욕탕을 갖추고 있었다. 환자의 불편을 최소화하고 목욕을 시키는 직원의 편리를 위해 병동마다 1억 원씩 하는 목욕 기계가 설치되어 있었다. 중환자실인데도 4인실 이하였다. 모든 침대가 전자동침대로 상체만 일으켜 세우는 것이 아니라 침대 자체가 업다운되었다. 내 기억으론 한국의 대학병원이든 어디든 업다운되는 침대를 구경하지 못했다.

모든 병실에 전자동침대가 설치되어 있는 것은 환자 기저귀를 갈 거나 처치를 할 때 일하는 분들이 다치지 않도록 하기 위한 것이었 다. 통역하는 분한테 물어보았다. "일본의 노인병원 수가는 얼마입 니까?" 돌아온 대답은 충격적이었다. 환자 1인당 수가가 60만 엔, 우 리 돈으로 600만 원이었다. 우리나라는 수가가 평균 200만 원 정도 니까 약 3배인 셈이었다.

더 놀라운 것은 의사와 간호사의 인건비는 우리와 비슷하다는 것 이었다. 400만 원 상당의 비용이 환자를 위한 환경 조성에 쓰였다. 거의 모든 병실을 4인실 이하로 만들고 환자 1~2인마다 간병사 한 명을 배치하는 데 돈을 썼다. 그러니까 냄새도 없고 시설도 깨끗하 고 신체 구속도 없이 인권을 존중하는 존엄케어를 실현할 수 있는 것이다.

견학을 마치고 돌아오는 길에 우리나라도 간병보험이 되어 일본 의 수가만큼만 보장된다면 한국 노인의료도 발전할 수 있을 것이란 생각을 했다. 하지만 수가 개선 없이는 한국에서 존엄케어는 불가능 하다는 것이 당시 생각이었다.

일본 요양병원 첫 방문은 충격의 연속이었다. 그후로 지금까지 총 7회 정도 방문했다. 많은 병원과 시설, 재활병원이 합해진 곳을 둘러 보았다. 그리고 2013년 한국형 존엄케어를 하겠다고 결심하고 존엄 케어 선포식을 하기에 이른다.

요양병원은 가족을 대신해서 정성을 다해 모시는 곳이다

수많은 일본 병원 견학 중에서도 가장 기억에 남는 병원은 세 곳이었다. 첫 번째는 코후엔병원이다. 존엄케어를 선포하고 직원들과 같이 코후엔병원을 방문했다. 기노시타 병원장의 PPT를 듣는 순간 가슴이 뜨거워지고 마음이 설렜다. 그날 호텔로 돌아와 병원에서 받은 자료를 새벽 3시까지 정리하고서야 편안한 마음으로 잠이 들었다.

우리가 치매라고 부르는 인지증 환자를 환자 입장에서 이해하고 옆에서 보살피면서 말을 들어주고 안정을 찾을 수 있도록 지켜봐주는 모습이 인상적이었다. 왜 집에서는 폭력적이었던 환자가 그 병원에서는 앞에 유리컵을 두고 사용할 수 있는지 알 수 있었다. 예를 들어 환자의 배회는 화장실을 찾거나 집에 가고 싶어 하는 마음의 표현이다. 불안해하는 사람에게는 직원들이 노력해서 안심하게 해주는 것이 진정제보다 훨씬 나은 문제해결이고 사명이라고 했다.

이 병원에서 신규 간호사들은 기저귀를 차고 콧줄을 코에 끼우고 생활한다고 한다. 환자가 힘들어하는 느낌을 모르면 환자가 아프다고 해도 무리해서 대할 수 있기 때문이다. 종사자도 직접 체험해봐야 제대로 된 서비스를 할 수 있다고 생각하는 투철한 직업의식 앞에서 존경스럽다는 말이 절로 나왔다.

환자 옆에서 환자의 고통을 이해하고 "나는 당신의 고통을 이해합니다." "내가 옆에 있을 테니 안심하세요."라는 말보다 환자를 안정시킬 수 있는 말이 있을까? 직원들은 환자가 받아들일 때까지 긴 시간을 기다려주었다. 그 시간을 아깝다고 생각지 않고 한두 달은 환자 옆에 딱 붙어 있어야 하는 꼭 필요한 시간으로 생각하는 마인드가 감동적이었다. 우리가 방문했던 코후엔병원의 간호부장은 이렇게 말했다. "요양병원에서 발생하는 욕창은 간호사의 수치입니다." 이 말에서 코후엔병원의 이념과 철학을 다시금 느낄 수 있었다.

두 번째는 아리요시병원이다. 잘 먹어야 재활운동도 할 수 있다고 생각해 병동마다 주방을 두고 직접 밥을 지었다. 밥 냄새를 풍김으로써 환자의 식욕을 자극하는 것이다. 모든 병실에서 눈부심을 없애고 마음이 편안해질 수 있도록 간접조명등을 사용하고 1인실 위주의 병실을 운영하면서 개인 프라이버시를 존중하는 게 특색이었다.

세 번째는 고쿠라재활병원이다. 재활치료가 특색인 이곳은 일본에서 건축대상을 받을 정도로 일본답지 않게 건물 외관이 화려했고 개인 프라이버시를 위한 병실, 치료실, 환자 동선을 고려한 설계가 독특했다. 하마무라 병원장은 고령자의 의료와 케어에서 가장 중요시하는 것이 남아 있는 잠재능력을 최대한 발휘하면서 생활하는 것이라고 했다. 고쿠라재활병원의 재활치료 개념은 독특했다. 재활치료실에서의 재활치료뿐만 아니라 일상생활의 동작, 특히 앉기, 옷 입기, 화장실 가기, 용변 보고 나오기 등 모든 것이 재활치료의 연속이라 규정해놓았다. 이것을 제대로 하기 위해 365일 이루어지는 재활치료도 마다하지 않았다.

　이 병원들은 우리나라 병원들과 사뭇 달랐다. 만약 일본을 견학할 예정이 있다면 이 세 병원은 꼭 방문해보길 권한다.

4무2탈의 존엄케어를 시작하다

일본에 다녀온 후 나의 머릿속엔 온통 존엄케어에 관한 생각뿐이었다. 우리 병원에서도 일본에서 본 것과 같은 존엄케어를 해볼 수는 없을까. 마음은 굴뚝 같았지만 엄두를 내기가 어려웠다. 비용을 맞춰보고 수가를 계산하는 것 말고도 좀 더 현실적인 문제가 있었다. 존엄케어가 뭔지도 모르는 병원 직원들에게 대뜸 "이제부터 우리도 존엄케어를 합시다."라고 말할 수는 없는 노릇이었다. 직원들에게 존엄케어란 그저 남의 나라 이야기로 들릴 수밖에 없을 것이었다.

당장은 포기할 수밖에 없는 상황인데도 마음 한편에는 일본 병원의 시설과 환자들 표정, 종사자들의 따뜻한 얼굴이 지워지지 않았다. 우리나라도 언젠가 간병보험이 되고 제도적인 뒷받침이 이뤄진다면 그때 반드시 존엄케어를 시작해야겠다고 마음속으로 맹세만 다질 뿐이었다.

그러던 중 2011년 대한노인요양병원협회장을 지내신 김덕진 이사장님이 운영하는 창원 희연병원에서 한국에서는 처음으로 신체구속 폐지를 선언했다. 가히 노인의료의 혁명적인 선언이었다. 당시 한국 노인요양병원에서 케어하기 힘든 환자를 묶지 않는다는 것은 불가능에 가까운 일이었기 때문이다.

곧바로 희연병원에 방문한 나는 우리 병원보다 시설은 현대적이지 않았는데도 냄새도 나지 않고 환자를 묶지 않고 깨끗하게 관리하는 모습을 확인할 수 있었다. 일본처럼 간병보험이 되지 않는 한국에서도 존엄케어가 가능하다는 사실을 확인하는 순간이었다. 이러한 존엄케어 개념을 우리 병원에 적용하고 싶어서 직원들에게 이야기해 보았다. 불가능하다는 반응 일색이었다. 나 역시 강력하게 밀어붙일 자신감이 없었다.

존엄케어를 하는 데 직원들의 동의가 필요했다

그런데 2013년 노인병원협회 부회장인 손덕현 원장의 저서 『노년의 아름다운 꿈, 이손으로 지키다』가 나에게 전달됐다. 무슨 책인가 싶었는데 책장을 넘기는 순간 마치 전기에 감전된 것 같은 느낌을 받았다. 일본 견학 후 돌아와서 항상 마음 한편에 간직해왔던 존엄케어의 구체적인 실행에 관한 내용이었다.

일본에서 보았고 한국 희연병원에서 접했던 존엄케어가 '4무2탈'이라는 이름으로 새롭게 표현된 것이었다. 4무란 냄새 무, 낙상 무, 욕창 무, 와상 무를 뜻했고 2탈이란 탈기저귀, 탈억제대라는 뜻이었다.

일본의 존엄케어를 한국에 처음 도입하여 성공한 분이 김덕진 회장이라면 손덕현 원장은 이러한 존엄케어를 4무2탈이란 용어로 잘 풀어내서 자세하게 설명하고 있었다. 손덕현 원장님은 나보다 1년 먼저 울산에서 소망요양병원(지금의 이손요양병원)을 개원한 분이다. 나는 존엄케어에 마음을 빼앗기고도 아직 시작도 못했다. 그런데 1년 먼저 병원 운영을 시작한 분이 존엄케어 실행은 물론이거니와 책까지 출판한 것이었다.

책을 단숨에 다 읽고 그날 밤 두 번을 더 읽었다. 밤새 잠을 잘 수가 없었다. 내 마음속에 간직해왔던 존엄케어에 대한 욕구가 불길처럼 타올랐다. 다음 날 간부회의를 하면서 이 책에 관해 이야기했다. 그리고 우리도 존엄케어를 해보자고 간부들을 설득했다. 간부들의 반응은 회의적이었지만 나는 손덕현 원장님의 책을 400권 구입해서 모든 직원에게 나눠주었다. 식당의 조리사, 청소하는 분도 예외 없이 병원에서 일하는 모든 임직원에게 책을 나누어주었다.

그리고 독후감을 받겠다고 공포했다. 직원들을 괴롭히기 위해서

가 아니었다. 우리 병원이 추구해야 할 존엄케어란 가치, 신념, 앞으로 나아갈 방향에 대해 모든 임직원과 공유하고 싶었다. 독후감을 잘 쓴 직원들을 따로 포상하기 위해 당선작에 일본 연수 등의 경품을 걸었다.

3년 차 간호사의 독후감이 직원들을 바꾸다

당시 직원들이 낸 독후감을 읽으면서 직원들의 생각을 알게 되어 신선한 충격을 받았다. 이를 기점으로 시작한 우리 병원의 독서토론이 지금도 이어지고 있다. 독서토론에서 직원들의 생각을 읽을 수 있었고 공감하고 소통할 수 있었다.

독후감 중에는 존엄케어를 하기 전 우리 병원이 바꿔나가야 할 개선안도 많이 포함되어 있었다. 간부가 아닌 직원들의 소중한 의견이 병원 경영에 반영되는 뜻밖의 효과를 낳은 것이다.

나는 독후감 중에서 당시 3년 차였던 김윤희 간호사의 독후감을 읽고 존엄케어를 하겠다는 결심을 굳혔다. 이 간호사의 독후감은 내가 존엄케어를 선포하는 데 동기부여가 됐다. 김윤희 간호사는 책을 읽고 많이 울었고 괴로워했다. 어떤 마음이었을까?

책을 읽고 난 후 난 어떤 간호사인지 스스로에게 물었다.

처음 간호사가 되고자 했을 때의 그 마음가짐은 사라지고 어느샌가 감정 없는 그냥 그런 간호사가 되어 있었다.

이 책은 나에게 묻는다. 난 환자에게 어떤 간호사인지, 환자분들은 날 어떤 간호사로 생각하는지……. 솔직히 지금은 나이팅게일 선서를 할 때의 마음가짐이 아니다. 지금의 나는 환자분들에게 짜증내고 소리 지르는 못된 간호사일 뿐이다.

잘못된 것임을 알면서도, 항상 후회를 하면서도 고치지 못하고 그냥 지내왔다. 이 책을 읽고 난 후 환자분들에게 함부로 대하고 신경질 내고 그분들의 말을 들으려 하지 않았던 나의 모습이 생각나 너무나 부끄러웠다.

어린 내가 간호사로서의 자격이 있는지 모르겠다.

책을 읽으며 4무2탈 운동이란 말을 처음 접하게 됐고, 노인간호에서 꼭 필요한 것이라고 생각했다. 그들에게 필요하고 당연시돼야 하는 것들이었다.

책을 다 읽은 후 벅찬 마음으로 병동 할머니께 여쭤보았다.

"할머니~ 우리 한번 기저귀도 빼보고 걸어도 볼까요?"

할머니의 대답은 "에이~ 됐어. 귀찮아~ 그냥 이렇게 살다가 죽지 뭐."

할머니의 그 말씀은 그동안 내가 무엇을 했는가에 대해 생각하게 했다. 어르신들이 원하는 걸 알려고 하지도 않은 채 하루하루를 의미 없이 보낸 나를 부끄럽게 했다.

내가 조금만 더 관심을 가지고 그분들 곁에서 이야기를 들었다면, 아니면 한 번씩 걷기 운동이라도 같이 했더라면 이렇게까지 부끄럽지 않았을 텐데…….

근무 중에 그럴 여유 시간 정도는 있었음에도 난 왜 그러지 못했는지 후회가 되고 또 후회가 됐다.

처음 요양병원에 오고자 했을 때 나의 마음가짐은 그냥 편히 일하자였다. 내가 편하고자 했던 게 환자를 방치하는 것인 줄 정말 몰랐다. 나 자신에게 화가 나서 쉬는 동안 많이 울었고 출근도 하기 싫었다. 하지만 울고만 있을 수는 없었다. 나는 간호사니까.

이 책을 읽지 않았다면 난 아직도 나의 잘못을 모른 채 살았을 것이다. 책을 읽으며 나 자신을 많이 반성하게 되었고 앞으로 어떤 간호사가 되어야 하는지 알게 됐다.

시작은 힘들겠지만 지금부터라도 어르신들을 위해 존엄케어를 해보려 한다. 아직 모르는 것이 많아 배우기 바쁘겠지만 내 진심을 담아 환자분들에게 다가간다면 조금씩 마음을 여시지 않을까?

다가가 말동무가 되어드리고 가끔씩 걷는 연습을 하며 탈기저귀까지 할 수 있도록 조금씩 시작해 보아야겠다. 그분들의 삶을 되찾아드리기 위해 조금이라도 도움을 드려보려 한다.

아직 많이 부족한 간호사지만 처음 나이팅게일 선서를 할 때의 마음가짐을 되새기며, 앞으로 따뜻하고 진실함이 묻어 있는 간호사, 그분들의 삶에 지팡이가 되고 노년을 지켜드리는 간호사가 되기 위해 노력할 것이다.

부디 지금의 마음을 잊지 않길 바라며…….

독후감을 읽고 있는데 나도 모르게 눈물이 났다. 그리고 존엄케어를 선포하기로 결정했다. 병동의 할머니가 몸 어딘가가 불편하다고 하면 "그냥 참으세요."라고 성의 없이 대답했던 자신의 모습을 떠올리면서 스스로에게 실망하고 부끄러웠다는 간호사는 이틀 뒤 다시 출근했다. 할머니가 기저귀를 떼고 인간의 존엄성을 유지하면서 살고 싶었던 건 아닐까, 삶에 대한 의지를 간호사인 자신이 꺾어버린 것은 아닐까 하고 자책했지만 울고만 있을 수는 없었기 때문이다. 그녀의 잘못이 아니었다. 한국 노인의료의 수준이 그 정도밖에 안 되었을 뿐이다. 이런 직원들이 있는데 존엄케어를 못할 이유가 없었고 미룰 이유도 없었다.

며칠 뒤 안동 리첼호텔에서 존엄케어 선포식을 갖고 김윤희 간호사에게 독후감을 낭독하게 했다. 참석했던 직원들 대부분이 눈물을 보였다. 직원들 표정에서 '우리도 해보자.'라는 결의를 확인했고 그 날부터 우리 병원은 존엄케어를 시작했다.

가장 쉬운 것부터 시작해보다

존엄케어 선포식을 하기 전에 먼저 간부들을 설득해야 했다. 대도시의 병원에서도 잘 시도하지 않은 존엄케어를 경북 안동과 예천이라는 시골마을에서 제대로 할 수 있을까 하는 두려움이 간부들 마음에 가득했다. 막연한 두려움이었다.

해보지 않은 일을 할 때 자신감이 없는 것은 당연하다

의사, 간호사, 간부들 30명을 버스에 태우고 한국형 존엄케어의 본산인 희연병원을 방문했다. 그곳에서 우리 병원보다 시설은 뛰어나지 않는데도 환자 관리를 잘하는 모습을 직접 눈으로 보았고 한국에서도 존엄케어가 가능하다는 사실을 확인하고 돌아왔다. 돌아오는 버스 안에서 견학 소감을 한 명씩 이야기해보라고 했다. 당시 3병동의 민숙 수간호사가 이런 말을 했다.

"만약 친정아버지가 편찮으시면 존엄케어하는 병원에 모시고 싶습니다. 그런데 간호사인 나는 그런 병원에서 일하기 힘들 것 같습니다."

솔직하고도 정확한 표현이었다. 누구든 해보지 않는 일에 자신감이 생기지 않는 것은 당연하다. 존엄케어 현장을 눈으로는 보았지만 무엇부터 어떻게 실천해야 할지 막막한 두려움이 있었을 것이다. 그것을 솔직하게 표현한 것이었다. 아마 다른 간부들 마음도 비슷했으리라 생각한다. 그때 내가 간부들에게 했던 말이 기억난다.

"우리는 일본도 아니고 희연병원도 아닙니다. 처음부터 4무2탈을 다 할 수는 없습니다. 우리가 잘할 수 있는 것부터 시작합시다."

사실 나는 선천적으로 후각이 발달해서 냄새 나는 것을 싫어했다. 그 때문에 우리 병원은 존엄케어를 하기 전에도 냄새는 거의 없었다. 4무2탈 중에서 한 가지는 해결한 셈이었다.

불가능하다고 생각됐던 것들이 해결되기 시작했다

바로 시작할 수 있는 쉬운 일로 두 번째로 시도한 일은 욕창 방지를 위해 두 시간마다 방송을 내보내는 시스템을 도입한 것이다. 아는 후배에게 부탁해 방송국 아나운서의 목소리로 멘트를 녹음했다. "지금은 체위 변경 및 환기 시간입니다. 문을 활짝 열어주세요." 이 말이 두 시간마다 자동으로 병원 전체에 음악과 함께 방송되도록 했다. 방송에 맞추어 두 시간마다 환기하고 환자 체위를 바꾸면서 우리 병원만의 존엄케어를 시작했다.

말 그대로 쉬운 것부터 하자고 시작한 것이 지금은 벌써 11년이라는 시간이 지났다. 지금 당장 할 수 있는 쉬운 것 하나! 그것부터 찾아서 해나가다 보니 불가능하다고 생각했던 것들이 하나씩 해결되어 갔다. 억제대를 쓰지 않은 성공 사례, 탈기저귀 성공 사례가 나오면 모든 직원이 알 수 있도록 사례 발표를 했다. 또 낙상 방지를 위한 온돌병실 설치, 탈침대를 위한 주말 재활치료와 작업치료, 놀이 프로그램, 주 2회 이상 목욕, 모닝케어 등 우리 병원만의 존엄케어 프로그램이 수십 가지 만들어졌다.

11년이 지난 지금 존엄케어를 하는 병원에서는 일하기 싫다고 했던 그 수간호사는 누구보다도 존엄케어를 열심히 실천하는 간호사가 되어 있다. KBS「시사기획 창」이라는 프로그램에서 '존엄한 요양'이라는 전국 방송이 나갔을 때 인터뷰를 해 유명한 간호사가 됐다.

냄새 없는 병원은 간병사가 만든다

나는 후각이 발달되어 있어 냄새를 잘 분간한다. 10여 년 전 요양병원을 처음 건축할 때 서울부터 대구까지 웬만한 요양병원들을 거의 다 방문했는데 대구 시지노인전문병원 한 곳 빼고 냄새가 안 나는 곳이 없었다.

발품을 팔아 롤 모델을 찾기 위해 무수히 많은 요양병원을 답사한 결과 들었던 생각이 '내 집이라면, 내가 생활할 공간이라면 어떨까?'였다. 하루의 절반을 병원에서 보내는 직원과 하루종일 집처럼 생활하는 환자가 함께 있는 노인병원은 냄새가 나면 안 된다는 게 지금까지 고수하는 나의 철칙이다.

노인병원이 냄새가 안 나도록 만드는 것은 말처럼 쉬운 일이 아니다. 더구나 존엄케어까지 선포했으니 냄새 관리를 더 철저하게 해야 했다. 두 시간마다 환기를 한다고 해서 냄새가 없어지는 것은 아니다. 환자 냄새를 근본적으로 없애기 위해서는 목욕을 자주 시키고 음식물이 튀거나 조금만 더러워져도 옷을 갈아입히는 것이 최고의 방법이다.

존엄케어를 하면서 세탁물이 2배 이상 늘었다. 존엄케어를 하기 전에는 환자가 300명이면 옷은 3배인 900벌로 운영했다. 하지만 존엄케어를 하면서 세탁물을 5배수인 1,500벌로 회전시키고 있다. 조금만 더러워져도 환자복을 갈아입히기 때문에 세탁물 비용도 1.5배 늘어났다.

환자 목욕은 대부분 간병사가 일주일에 한 번 시키는 것을 원칙으로 삼고 있었다. 그런데 이렇게 해서는 냄새를 없앨 수가 없다. 요실금이 있거나 설사를 하거나 컨디션이 좋지 않은 분들은 일주일에 두 번에서 많으면 세 번 이상 목욕을 시켜야만 냄새가 없어진다.

간병사 혼자 일주일에 2회 이상 환자 목욕을 시키게 하면 힘들어서 지속할 수가 없다. 주 2회 이상 목욕을 실천하기 위해서 직원 한 명당 환자 두세 분씩 일촌을 맺도록 했다. 일촌은 평소에도 환자를 찾아가 말동무도 해드리고 관심을 기울인다. 그리고 환자가 위생 관리가 되지 않아 두 번 이상 목욕시킬 일이 있을 때는 간병사와 일촌 직원이 같이한다. 근무 중이라 일촌을 부를 수 없을 때는 병동 간호사들이 간병사와 함께 목욕을 시키는 것으로 했더니 냄새를 없앨 수 있었다.

나 또한 일촌이 있다. 처음으로 중환자실(집중치료실)에 있는 와상 환자(마비 등으로 누워 지내는 분)를 직접 목욕시켜 보았다. 30분 정도 시간이 소요되었고 허리가 많이 아프고 힘들었다. 직접 체험해보니 간병사의 노고를 더욱 잘 알게 됐다. 그래서 새롭게 투자한 것이 500만 원 정도 하는 환자 목욕침대다. 간병사가 환자를 목욕시키는 데 편리하라고 모든 병동에 배치했다. 4,000만 원이 들었지만 전혀 아깝지 않았다. 이때 깨달았다. 그나마 돈으로 해결할 수 있는 것이 제일 쉬운 일이라는 것을.

구강 관리를 위한 치위생사를 채용하다

일본에 연수를 갔을 때 눈여겨봤던 점이 또 한 가지 있는데 노인병원에는 치위생사가 꼭 있었다는 것이다. 일본은 개호보험 안에 치위생사 수가가 반영되어 있었다. 치위생사는 환자들의 구취 제거와 구강 관리를 하기도 하고 연하 기능(삼키는 기능)이 떨어진 환자들을 위해 삼킴 기능 훈련을 담당하고 있었다.

한국에서는 치위생사가 수가에 반영되지 않았기에 노인병원에서 치위생사를 채용하는 곳이 거의 없었다. 우리 병원은 희연병원과 이

손요양병원에 이어 치위생사를 채용했다.

우리 병원에서 치위생사는 환자들의 기본적인 구강 관리, 구취 제거, 그리고 연하 기능 증진 운동을 시행한다. 물론 수가에 반영되지 않아 인건비를 보상받을 길은 없지만 환자와 보호자의 반응은 굉장히 좋다.

냄새 관리를 체계적으로 하다

우리 병원의 냄새 관리는 좀 독특하다.

일단 냄새의 종류를 구분한다. 기저귀 냄새, 땀 냄새, 음식물 흘린 냄새, 욕창 냄새 등 원인별로 냄새를 구분하고 직원들이 냄새의 종류를 구분할 수 있도록 훈련한다. 당연히 원인에 따라 해결 방법도 달라진다.

그리고 냄새에 등급을 매긴다. 심하면 1등급, 보통은 2등급, 경미하면 3등급으로 나누어서 목욕 등 개선 활동을 한 뒤에 변화하는 상황을 기록한다. 이 데이터가 누적되니까 체계적인 관리가 가능해졌다.

목욕시키고 환기하고 환자복을 자주 갈아입혔는데도 냄새가 해결되지 않는 병실이 있을 때는 간호부장과 간호사들이 냄새 나는 방에 직접 들어가서 환자 침대와 모든 물품을 복도로 옮기고 방을 대대적으로 청소한다. 환자들 개인 물품이나 보관한 음식물에서 냄새의

원인을 찾기도 하고 침대 매트리스와 냉장고까지 대청소를 마치면 냄새가 없어진다.

이때는 간병사와 간호사들도 같이 청소하면서 구슬땀을 흘린다. 함께 청소하기에 간병사들도 불만이 없다. 이렇게 몇 번 해보니 간병사 능력도 향상되어 냄새 나는 방이 줄어들었고 4무2탈의 '냄새 무'를 달성할 수 있었다.

천성이 게으른 간병사의 경우에도 처음에는 힘들어하다가 냄새가 나면 또다시 뒤집는 일이 반복되니 아예 처음부터 제대로 일하자고 마음먹게 됐다. 하루 종일 생활하는 공간이니까 청결하고 냄새가 나지 않으면 직원들도 좋다. 이제는 간병사들이 솔선수범하고 있고 환경평가를 통해 상품권 등을 포상하고 있다.

어떻게 욕창 없는 병원을 만들었는가

몸의 어느 부위든 지속적으로 압박하면 혈액 순환에 지장이 생기고 조직이 죽어 궤양이 발생할 수 있다. 염증이나 괴사로 인해 피부가 썩거나 함몰된 것을 욕창이라고 한다. 노인요양병원에서 욕창이 생기는 대부분 원인은 지속적인 압박이다.

2시간마다 체위 변경과 모닝케어를 하다

환자가 계속 누워만 있으면 뼈가 돌출된 부위에 욕창이 생기게 마련이다. 집에서 누워 있다 병원으로 온 분들을 보면 거의 대부분 욕창이 생긴 것을 발견할 수 있다. 심지어 머리 뒤통수와 귀 뒤에 있는 작은 뼈가 돌출된 부분까지 욕창이 생긴 분도 있다. 그래서 몸을 스스로 움직이지 못하는 환자는 두 시간마다 체위를 바꿔야만 욕창을 방지할 수 있다. 에어 매트리스를 깔아서 압박 부위가 덜 눌리도록 하는 것도 하나의 방법이다.

우리 병원에서는 존엄케어 선포 이후부터 두 시간마다 실시하는 체위 변경과 함께 모닝케어를 실시한다. 아침마다 환자의 몸 상태를 확인하여 건조하면 오일을 바르고 피부에 발진이 생기면 파우더를 바른다. 욕창이 생길 전조인 피부 발적(피부가 빨갛게 부어오르는 현상)으로 판단하면 집중케어를 실시한다. 모닝케어를 통해 욕창이 생기기 전에 예방하는 효과를 볼 수 있었다.

직접 만든 패드를 사용해 새살이 돋아나게 하다

이미 욕창이 발생해서 오신 환자에게는 개방식 습윤 요법OPWT으로 치료한다. 독한 소독제를 사용하지 않고 상처를 세척하고 간호사들이 직접 만든 패드를 사용해서 습윤 상태를 만들어 새살이 돋게 하는 방법이다. 욕창 부위를 소독하는 방법보다 치료시간이 3배 정도 단축된다. 이 패드는 파는 게 아니어서 수제작을 하느라 힘들지만 환자가 빨리 쾌유하니 좋은 치료법임이 분명했다.

패드를 만들어서 쓰다 보니 일본 방식이 불편한 점이 있어서 우리 병원만의 방식으로 만들어 사용했는데 더 효과가 좋았다.

일단 우리 병원에 오면 욕창이 생기지 않도록 예방하는 것이 최우선이고, 다른 병원에서 생긴 욕창은 개방식 습윤 요법으로 빠르게 치료했던 것이 욕창 없는 병원을 만들 수 있었던 노하우다.

목욕침대나 치위생사는 돈만 있으면 어느 병원이든 도입할 수 있다. 그렇지만 간병사나 간호사의 마음을 움직여 존엄케어 서비스를 제공한다는 것은 매우 어려운 일이었다.

어떻게 낙상 사고 없는 병원을 만들었는가

낙상이란 환자가 침대에서 떨어지거나 스스로 걷다가 넘어지거나 주저앉는 것을 말한다. 골절이나 뇌출혈 등 심각한 손상이 발생할 수도 있다.

낙상사고를 없애는 가장 좋은 방법은 환자를 움직이지 못하게 하는 것이다. 그런데 환자의 잔존 기능을 살리려면 끊임없이 움직이게 해야 하니까 참 아이러니한 진퇴양난의 상황이다. 환자를 움직이게 하면 낙상 위험이 높아지고, 낙상 위험을 낮추려고 침대에 누워 있게 하면 환자의 잔존 기능이 떨어진다. 그러면 어떻게 해야 할까? 낙상 사고의 예방은 '탈와상'을 함께 실천해야 의미가 있다. 탈와상은 환자가 침대에서 벗어나 생활하도록 유도하는 활동을 말한다.

온돌병동을 만들어 움직임을 자유롭게 하다

이 두 마리 토끼를 잡기 위해 직원들과 많은 고민을 거듭한 끝에 온돌병동을 만들기로 했다. 낙상 위험이 있는 환자들은 온돌 생활을 하면서 방바닥에서 기어다닐 수 있게 했다. 침대에서 생활하면 외부인이 보기에는 깔끔하다. 하지만 침대라는 한 평도 안 되는 작은 공간에 갇혀 움직임이 제한된다. 온돌병동은 누웠다 일어나고 기어다니고 굴러도 된다. 기력이 없는 환자도 마음대로 움직일 수 있는 것이 장점이다. 좌식 생활에 익숙한 어르신은 침대보다 온돌을 선호한다.

3층 병동에서 침대를 쓰시던 할머니가 탈기저귀 프로그램을 두 달 동안 시도했는데 실패하고 말았다. 탈기저귀를 포기하고 할머니를 온돌병동에 모셨다. 할머니는 하루 종일 엉덩이를 밀면서 병동 끝과 끝이 30미터 정도 되는 거실을 왔다 갔다 했다. 그러면서 팔다리에 힘이 생겼는지 온돌병동으로 이동한 지 2주 만에 스스로 변기를 잡고 일어나서 대소변을 보는 기적 같은 일이 일어났다. 의료진이 특별히 뭔가를 한 것도 없는데 저절로 탈기저귀에 성공한 것이다. 환자에게 치료 환경이란 것이 그만큼 중요하다는 걸 깨닫게 된 사례였다.

침대를 제작해서 높이를 반으로 줄이다

낙상사고 위험이 있는 환자 중에 조금 젊은 분들은 침대 사용을 원하기도 한다. 이럴 땐 편백나무로 침대를 제작해서 기존 침대보다 높이를 반으로 줄였다. 혹시 환자가 침대에서 떨어지더라도 뼈에 손상이 가는 사고를 방지하려는 것이다.

낙상사고 예방을 위한 조치는 생활에서도 이어진다. 잠자리에 들기 전에 소변을 보도록 권유해서 새벽에 화장실에 가는 경우의 수를 최소화했다. 또 환자의 개별 특성을 파악하기 위해 낙상이 빈번하게 발생하는 야간에 소변 시간을 체크해 그 시간에 화장실로 모시고 갔다.

온돌병동은 병실 안에 일반 가정집에서 쓰는 싱크대를 설치했다. 또 병원에서 머리맡에 물건을 두는 용도로 쓰는 가구인 상두대 대신에 할머니들이 익숙하게 써온 고가구를 두었다. 그랬더니 병실을 내 방같이 여기고 병실 밖은 식사도 하고 TV도 보는 거실로 여기게 됐다. 이로써 익숙하고 편안한 생활공간 개념을 구현할 수 있었다.

어떻게 환자가 누워 있지 않는 병원을 만들었는가

존엄케어를 시작하고 나서 제일 힘든 것을 들자면 '와상 무'이다. 와상이란 환자가 침대에 계속 누워만 있어 몸을 사용하지 않아 근력이 감소되고 관절이 구축拘縮되면서 급기야는 스스로 움직이지 못하는 것을 말한다. 그러다 보면 음식을 먹는 섭식 기능을 비롯해 몸의 전체적인 기능이 떨어져 폐렴이 발생하여 사망할 수도 있다. 침대에 오래 있으면 있을수록 환자의 기능은 나빠진다.

와상을 방지하려면 환자를 끊임없이 움직이게 해야 한다. 몸에 힘이 없고 자세가 틀어져서 입원한 환자를 침대에서 벗어나게 만들기란 쉽지가 않다. 우선적으로 왜 침대를 벗어나야 하는지 설명해서 이해시켜야 하고 약해진 의지에 칭찬과 용기를 불어넣어 의미 있는 움직임을 유도해야 한다.

뇌졸중이나 뇌경색 등으로 재활치료를 받는 환자들은 하루에 일정 시간 재활치료를 받는다. 그 시간만큼은 침대에서 벗어나 휠체어를 타고 재활치료실로 이동해야 하기 때문에 재활치료를 받는 동안 싫든 좋든 환자는 움직일 수밖에 없다. 그러나 재활치료 대상이 아닌 당뇨, 고혈압, 치매 등을 앓는 일반 노인 환자들은 침대에서 식사하고 약 먹고 잠자고 간이 변기를 이용하여 용변을 보는 단순한 패턴의 움직임을 반복한다. 이것이 바로 사람들이 노인요양병원을 죽으러 가는 곳이라고 인식하게 된 이유이기도 하다.

이런 상황 속에서 삶의 기쁨과 의지가 꺾인 노인 환자 대부분은 "빨리 죽어서 자식들 덜 괴롭혀야지."라고 말씀하시곤 한다. 마지막 노년의 삶이라 해도 인간으로서의 존엄은 유지돼야 한다. 이런 노인 환자의 삶에 대한 의지를 병원 종사자들이 꺾어버린 것은 아닌가 하고 성찰했다. 이런 인식을 바꾸고 노인병원도 생동감 있게 운영할 수 있다는 것을 보여주고 싶었다. 그렇게 해서 내린 결정이 재활치료와 재활 프로그램의 활성화였다.

재활치료와 재활 프로그램을 활성화하다

모든 환자분가 와상 무 프로그램의 대상은 아니다. 최소한 휠체어에 앉아서 균형을 잡을 수 있는 환자를 우선 선별했다.

와상 무 프로그램에서 처음 시도한 일은 병실이 아니라 병동 휴게실에서 식사하는 것이었다. 휴게실에서 식사하려면 휠체어를 타고 나와야 하기 때문에 한 번 더 움직이게 된다. 그리고 휴게실에서 식사할 때는 시간이 오래 걸리더라도 환자 스스로 식사하게 한다. 물론 음식물을 흘리기도 하고 식사시간도 오래 걸린다. 존엄케어를 하기 전에는 흘리는 모습이 안쓰러워서 떠먹여 드리기도 하고 간병사가 빨리 정리하고 조금이라도 더 쉬기 위해서 밥을 떠먹여 드리기도 했다. 그러나 지금은 간병사가 음식물을 떠먹이는 것을 최소화했다. 시간이 오래 걸려도 맛을 음미하고 씹는 즐거움을 선사하기 위해 서두르지 않는다. 그래야만 환자들이 잔존 기능을 유지할 수 있다.

그리고 영양사와 사회복지사를 더 충원해서 병동에 별도 프로그램을 운영하고 있다. 각자의 전문 분야를 살려서 영양사와 함께하는 김밥 만들기, 유부초밥 만들기, 전 부치기, 꼬치구이 등 요리 프로그램을 실시했다. 처음 할 때는 영양사들이 과중한 업무로 느끼기도 했을 것이다. 지금은 요리 프로그램을 하는 날이면 병동이 고소한 냄새로 가득하고 시장 같은 왁자지껄한 분위기가 되어서 환자들에게 제일 인기가 있다.

단순히 먹을 것을 만들기 때문에 인기 있는 프로그램이 된 것은 아니다. 할머니들은 평생을 해온 일이 음식을 장만하는 것이기 때문에 익숙해서 그럴 것이다. 이밖에도 간단한 놀이 프로그램은 상주하는 직원이 하고 미술치료 프로그램, 운동 프로그램 등은 전문강사를 불러 매일 시행했다.

자원봉사자를 구하기 어려운 시골지역 특성상 비용이 들더라도 프로그램에 필요한 영양사와 사회복지사를 추가로 채용할 수밖에 없었다.

직원이 쉬는 날도 환자가 누워 있지 않게 하다

평일의 와상 무 프로그램은 쉽게 정착됐고 잘 진행됐다. 그런데 어느 공휴일에 병원에 나왔다가 내가 놓친 부분을 발견하게 됐다. 존엄케어를 시작한 지 얼마 지나지 않은 공휴일이었다. 쉬는 날의 특성상 근무하는 직원 수도 최소 상태였고 환자들은 공휴일이어서 재활치료도 하지 않았다. 환자들은 하루 종일 병실에서 식사하고 잠자고 일어나서 식사했다.

명절 연휴 같은 때는 4일 정도 쉬기도 한다. 그런데 재활치료 호전이 있는 편마비 환자들이 4일간 치료를 못 받으면 호전되기 전 상태로 돌아가버린다. 문제는 연휴 시작 전의 상태, 즉 4일 전의 상태로 돌아가는 것이 아니라 한 달 전의 상태로 돌아간다는 것이다. 내가 물리치료사 출신이었기에 문제의 심각성을 잘 알 수 있었다.

나는 휴일에도 재활치료가 필요하다는 의견을 냈다. 재활치료실 직원들과 공감대가 형성되어 공휴일 프로그램이 시작됐다. 휴일 연장근로에 대한 직원들의 추가수당을 지급했지만 존엄케어의 일환이었기 때문에 환자들에게 추가비용은 받지 않았다.

맞벌이 부부가 많아 자주 부모님을 찾아뵙지 못하는 보호자들이 많다. 그런데 휴일에도 공휴일 프로그램이 있으니 쉬는 날에 방문했다가 부모님의 몸 상태와 함께 받고 계신 치료를 알고 돌아가게 됐다. 잠시나마 간병사가 아니라 가족이 휠체어에 부모님을 모시고 공휴일 프로그램에 함께 참여하기도 했다.

재활치료 대상이 아닌 환자들을 위해서도 휴게실 식사와 휴일 요리 프로그램을 실시했다. 요리 프로그램은 직원을 새로 구하지 않고 교대근무를 하지 않는 나를 포함한 간부들이 휴일에 출근해서 병동마다 다니면서 진행했다. 이때 내가 무리해서인지 요리 프로그램을 준비하는 중에 안면마비가 와서 눈이 감기지 않는 웃지 못할 일이 발생하기도 했다.

어떻게 환자를 묶어두지 않는 병원을 만들었는가

억제는 신체적 억제, 화학적 억제, 언어적 억제 세 가지로 구분해 볼 수 있다. 신체적 억제는 우리가 흔히 알고 있는 환자 안전이라는 명목 아래 암묵적으로 이루어진다. 화학적 억제는 치매 환자, 폭력성 환자, 배회하는 환자 등을 약물로 잠들게 해서 신체적 기능을 떨어 뜨리는 것이다. 언어적 억제는 아무렇지 않게 행해지는 경향이 있다. "어르신, 위험하니깐 하지 마세요." "하면 안 돼요." "그러지 마세요." 이런 말들이 환자의 의미 있는 움직임을 억제할 수 있다. 직원 입장 에서 환자의 마음을 이해하지 못하고 의미 없는 행동으로 치부하고 억제하는 것이다.

환자를 묶는 것은 삶을 묶는 것이다

어떠한 이유로든 어떤 형태로든 환자를 묶는 것은 그분의 삶을 묶는 것이라고 간주할 수 있다. 병원에서 환자를 묶는 경우는 대개 다음 두 가지다.

첫째는 환자가 비위관(콧줄), 위루관(뱃줄), 도뇨관(소변줄), 기관내 삽관 등 생명유지에 필수적인 장치를 스스로 뽑아버리려 할 때다. 둘째는 소리를 지르거나 폭력을 행사하여 다른 환자들에게 피해를 주는 경우다. 부득이하게 억제대를 썼을 때 원칙상으로는 두 시간마다 한 번씩 억제대를 풀어줘야 하는 규정이 있다. 이 또한 잘 지켜지지 않고 있다.

간병보험이 되지 않아 적은 수의 간병사와 간호사가 많은 환자를 돌보는 상황에서 환자의 안전을 위한 억제는 불가피한 것으로 인식되어 왔다. 우리 병원도 존엄케어를 실시하기 전에는 중환자실 집중치료실의 환자 반 이상이 억제대를 사용했다. 부끄럽지만 사실이다. 그때는 그것이 나쁜 일이라 생각지도 못했고 환자들의 존엄성을 훼손하는 것인지도 몰랐다.

존엄케어를 실천하면서 누군가의 부모이고 누군가의 가족인 환자를 돌보기 조금 어렵다고 쉽게 억제대를 사용했던 것이 잘못된 관행이라는 것을 깨달았다. 만약 내가 콧줄이나 뱃줄을 꽂고 있다면 어떤 기분일까? 손을 단 5분만이라도 못 쓰게 묶어놓으면 어떻게 될

까? 스스로에게 던진 질문들이 탈억제를 시작할 수 있었던 계기가
됐다.

물론 억제대를 불가피하게 사용하는 경우가 전혀 없다고 할 수 없
다. 하지만 억제대를 안 쓰기 위해 무얼 할 수 있을지 노력도 안 해보
고 환자가 조금만 힘들게 해도 억제대를 사용하는 관행은 없어지는
것이 맞다.

'어떻게 하면 억제대 사용을 줄일 수 있을까?' 고민하던 중에 간병
사 한 분의 아이디어로 신체구속 무 첫 사례가 나왔다. 자꾸만 콧줄
을 뽑는 환자의 손에 인형을 쥐어드렸더니 그때부터는 인형을 만지
면서 콧줄을 건드리지 않게 된 것이다. 환자가 인형에 반응한 것이었
다. 관심을 다른 곳으로 돌렸더니 콧줄을 빼지 않아 쉽게 신체구속
무에 성공할 수 있었다.

환자들이 원하는 것이 무엇인지 니즈를 찾다

그렇지만 모든 환자가 인형에 반응하는 것은 아니었다. 신체구속
무 첫 사례 이후부터 직원들은 환자가 원하는 것이 무엇인지 니즈를
찾기 위해 노력했다. 환자 중에는 낮과 밤이 바뀌어서 잠을 안 자고
초인적인 힘을 발휘해 침대와 침대를 넘어다니는 위험한 분, 타인에
게 폭력을 행사하는 분 등이 있다. 밤에 안 주무시는 환자는 야간에

근무하는 간호사가 다른 환자에게 방해가 안 되도록 환자를 간호사 스테이션으로 데려와 일하면서 함께 돌본다. '우리는 당신을 이해합니다.'라는 느낌을 전해주면 온갖 욕을 하다가도 결국엔 폭력성을 누그러뜨리고 협조하기도 했다. 그밖에도 천정에 모빌을 달아 관심을 돌린다든가 동요를 불러주고 동화책을 읽거나 함께 무언가를 만드는 등 다양한 시도를 통해 억제대 사용을 점차 줄여나갔다.

지금은 대표적인 성공 사례로 알려진 이야기가 있다. 어느 날 병동 라운딩을 할 때 집중치료실에 환자가 묶여 있는 모습을 발견했다. 자초지종을 간호사에게 물었더니 의식이 없는 환자가 인근 종합병원에서 옮겨왔는데 가려움증이 심해 피가 날 때까지 긁는다고 했다. 환자의 피부 보호를 위해 어쩔 수 없이 억제대를 쓸 수밖에 없었다는 이야기였다. 나는 다른 좋은 방법이 있을지 모르니까 생각해보자고 말했고 다음 날 다시 그 병동에 들렀을 때 놀라운 모습을 발견했다. 담당 간호사가 집에서 아이들이 갖고 놀던 인형을 바느질로 목장갑에 달아 환자 손에 끼워놓은 것이었다. 인형을 억제대 대신 사용한 기발한 아이디어였다. 인형이 달려 있으니 피부를 긁어도 상처가 나지 않았고 콧줄을 뽑지도 못했다.

이러한 노력 덕분에 억제대 사용이 점점 줄어들었고 존엄케어를 시작한 지 6개월이 지났을 때는 환자를 묶지 않는 병원이 됐다. 우리 병원의 탈억제대 운동이 방송에 소개되면서 전국 각지에서 찾아오는 환자와 보호자들이 늘어났다. 수도권과 부산, 대구에서 심지어 아무 연고도 없는 호남 지역에서 경북 예천과 안동까지 찾아오는 이유다.

어떻게 기저귀를 채우지 않는
병원을 만들었는가

노인병원에서 환자가 기저귀를 차지 않는다고 말하면 신기하게 듣는 사람도 있을 것이다. 대부분 사람들은 대소변을 못 가리는 노인이라면 기저귀를 차는 것이 당연하다고 생각한다. 그런데 한국 노인 의료의 현실을 봤을 때 기저귀를 채우는 진짜 이유는 다른 데 있다.

환자가 요의를 느끼고 대소변을 가릴 수 있더라도 간병사든 간호사든 인력이 부족하기 때문에 일일이 화장실로 모셔가기 힘들다. 게다가 침대를 오르내리다가 낙상사고가 생길 위험이 있다. 그것이 바로 기저귀를 채우고 거기에 볼일을 보라고 하는 이유다. 이게 아무것도 아닌 일 같은가. 이 글을 읽고 있는 당신이 팔다리가 부러져 움직이기 힘들 때 기저귀를 차고 거기에 대소변을 보라고 하면 기분이 어떨 것 같은가. 교통사고 등으로 큰 병원의 중환자실에 있어봤던 사람이라면 쉽게 상상할 수 있을 것이다. 아무것도 아닌 일이 아니다. 무척 심각한 일이다. 아마 상상만 해도 끔찍할 것이다.

어르신도 마찬가지다. 기저귀를 차는 순간부터 정상인으로서의 능력이 끝났다고 느낀다. 인간으로서 최고의 수치인 것이다. 말 그대로 인간다운 삶을 포기하는 것이다. '대소변도 못 가리는데 이렇게 살아서 뭐 하나? 빨리 죽어야겠다.' 이렇게 생각하게 된다. 기저귀는 사실 환자 중심이 아니라 병원 중심의 해결법이다.

그게 뭐 대수냐고 생각할 수도 있지만 어르신은 젊은 사람과 다르다. 젊은 사람은 며칠 기저귀를 찼다 해도 금방 뗄 수 있다. 하지만 어르신은 한번 기저귀를 차면 떼기가 쉽지 않다. 관리하기 쉽다고 기저귀를 함부로 채워서는 안 되는 이유다.

인간의 존엄성 문제 말고도 탈기저귀가 필요한 이유는 또 있다. 기저귀를 차고 있음으로써 생길 수 있는 피부 발진이 욕창으로 이어질 수도 있고 기저귀를 갈 때마다 생기는 냄새는 병원을 찾은 이들의 미간을 찌푸리게 만든다. 그래서 탈기저귀를 하면 자연스럽게 4무2탈 가운데 욕창 무와 냄새 무가 함께 해결된다. 나아가 화장실에 가기 위해 많이 움직임으로써 와상에서 벗어나게 된다. 4무2탈의 6가지 운동은 유기적으로 얽혀 있다.

물론 우리 병원에도 기저귀를 차는 분이 많다. 의식 없이 하루종일 누워 있는 분이나 와상 환자는 기저귀를 찰 수밖에 없다. 탈기저귀 대상이 아닌 분들이다.

탈기저귀를 위해 최선을 다하다

그러면 어떤 분들이 탈기저귀 대상이 될까? 우리 병원에서는 휠체어를 타는 분부터 탈기저귀 대상으로 규정한다. 그리고 재활치료로 회복기에 있는 뇌혈관 질환(뇌졸중, 뇌경색) 환자는 탈기저귀 대상이다. 대학병원에서 우리 병원으로 오는 재활 환자는 처음 올 때 기저귀를 차고 누워 있는 상태로 온다. 환자마다 예후는 다르지만 보통 6개월에서 1년 정도면 많은 기능을 회복한다. 재활치료로 팔다리에 힘이 생기고 기능이 정상적으로 돌아오면서 탈기저귀에 성공하는 사례가 늘어나고 있다.

우리는 최선을 다하고 있지만 아직까지 탈기저귀 성공률은 30% 이하다. 우리 병원에서는 입원 당일 보호자를 대상으로 콘퍼런스를 실시하고 있다. 수도권을 비롯한 타 지역에서 온 보호자는 특히 걱정이 심하다. 입원 콘퍼런스는 방문한 다음 날은 출근하기 위해서 부모님만 두고 가야 하는 보호자에게 환자 상태를 체크해서 치료 계획을 의논하는 시간이다. 휠체어를 타고 있다면 어떤 방법으로 휠체어를 벗어나서 걷게 할 것인지, 기저귀를 차고 있다면 어떻게 기저귀에서 벗어나게 할 것인지 재활치료사, 치위생사, 영양사 등 모든 관련자가 모여서 앞으로 실시할 케어 방향에 대해 설명한다. 모든 이야기를 들은 보호자는 안심하고 돌아간다.

환자가 처음 입원하면 탈기저귀 대상인지 아닌지 입원 콘퍼런스에서 분류한다. 여기에 우리 병원에서 실시하는 탈기저귀를 위한 방법 몇 가지를 소개한다.

첫째, 배뇨 훈련이다. 입원 콘퍼런스에서 요의를 느끼는지 못 느끼는지 먼저 구분한다. 요의를 느끼는 분은 배뇨 습관을 파악한 후에 화장실만 잘 모셔다 드리면 비교적 쉽게 탈기저귀에 성공한다. 요의를 못 느끼는 분은 대소변 패턴을 파악해야 한다. 몇 시에 소변과 대변을 누는지 2~3일 정도면 거의 파악한다. 파악한 배변 습관에 맞춰 대소변 보기 약 30분 전에 환자를 직접 화장실로 모시고 가서 용변을 보게 한다. 이런 훈련이 익숙해지면 기저귀를 차지 않고도 요의를 표현할 수 있는 상태로 바뀐다. 이런 과정을 거쳐서 기저귀를 떼게 된다.

둘째, 골반근육 강화 운동이다. 생식기 주변 근육을 단련시키는 운동으로 방광을 훈련하여 탈기저귀에 성공하기도 한다.

셋째, 환경적 변화다. 침대병동에서 탈기저귀에 실패했던 할머니가 온돌병동으로 옮기면서 탈기저귀에 성공한 사례가 있다. 다른 사람이 보기엔 안쓰러워 보이겠지만 스스로 화장실까지 기어다니다 보니 근육이 단련되어 기저귀를 뗀 것이다. 환자에게 환경이 얼마나 중요한지 알 수 있다. 예전에 할머니들이 방 윗목에 요강을 들여놓았던 것을 생각해보기 바란다.

성공 사례 발표로 자긍심을 높인다

매월 우리 병원은 모든 직원이 저녁 회의에 참석해 존엄케어 사례를 발표하고 공유한다. 존엄케어를 처음 시작할 때 3년차 간호사의 독후감이 파동을 일으켰다. 현재는 우리가 하고 있는 존엄케어가 어르신이 인간으로서 존엄한 일상생활을 할 수 있게 돕는 아름다운 노력이라는 것을 모두가 공감하고 있다.

존엄케어 운동은 우리 병원의 트레이드마크가 됐다. 노인의료의 선진국이라 할 수 있는 유럽과 일본의 문화를 배워 우리 병원만의 이념, 철학, 핵심가치를 만들었다. 여러 성공 사례를 발굴하여 공유함으로써 우리는 이렇게 좋은 일을 하고 있다는 자기애를 높일 수 있었다. 일반 요양병원이 아니라 존엄케어로 유명한 병원에서 근무한다는 애사심을 느끼는 계기가 됐다.

처음 존엄케어를 시작할 때 "이사장이 병원을 홍보하려고 존엄케어를 시작한단다." "기저귀 값 아끼려고 그러는 건가." 등 부정적인 의견을 비쳤던 직원들, 초등학교도 채 못 나오고 배운 것이 없어서 환자들 뒤치닥거리나 하고 있다고 생각했던 간병사와 요양보호사들은 끊이지 않는 존엄케어 사례를 보면서 생각이 달라졌다. 성공률이 낮다고 해도 인간으로서 어르신의 존엄한 일상을 지켜드릴 수 있도록 우리가 해냈다는 자긍심을 느꼈다.

최선을 다하고 성공을 통해 보람과 긍지를 느끼는 것이 행복한 일터, 일하기 좋은 직장이 아닐까 싶다.

간병사의 자존감이
존엄케어의 질을 좌우한다

존엄케어 선포 후 한 달이 지났을 즈음 한 환자가 입원했다. 서울에 있는 대학병원에서 급성뇌경색 치료를 받고 서울 모 요양병원에 있다가 연고지 때문에 우리 병원에 입원한 분이다.

이 환자는 입원할 때 팔다리에 멍이 들어 있었다. 우리 병원에 오기 전까지 신체억제대를 계속 쓴 흔적이었다. 입원 첫날 환자를 왜 묶었는지 이해할 수 있었다. 환자는 본인에게 접근하는 직원들에게 마구 소리 지르고 욕하고 때리는 등 공격성이 매우 높았다. 간병사, 간호사, 치료사 등 우리 직원들 중 안 맞아본 사람이 없을 정도였다. 그래서 처음엔 가슴과 팔 억제대를 어쩔 수 없이 사용했다. 문제는 발이었다. 침대를 계속 발로 차서 쾅쾅 소리가 나는 바람에 옆에 있는 다른 환자들이 잠을 한숨도 잘 수 없었다. 다리까지 묶어야 할 상황이었다.

누워서 들어온 환자가 걸어서 퇴원하다

만일 존엄케어를 선포하기 전이었다면 다리까지 묶었을 것이고 신경안정제를 주저하지 않고 사용했을 것이다. 보통은 신경안정제를 3일 정도 사용한다. 그래도 환자가 안정되지 않으면 일주일을 사용하고 그래도 안 되면 2주 정도 사용한다. 예상컨대 이 환자 상태로 봤을 때 2주 이상 신경안정제를 투여해야 할 수도 있었다. 침상에서 신경안정제를 2주 정도 사용하고 대소변을 받아내다 보면 팔다리 근육이 감소해 침상에서 못 내려오는 와상 환자가 되고 만다. 그러고 나면 대개는 중환자실(집중치료실)로 옮겨졌다가 겨울철 독감이라도 돌면 폐렴이나 폐혈증으로 악화해 사망하는 경우도 많다. 비참하지만 한국 노인의료의 현실이다.

노국일 부원장이 회진을 돌면서 간호사들을 설득했다. "다리까지 묶어야 하는 상황이지만 존엄케어를 선포한 병원이니 다리는 묶지 말고 잘 케어해 봅시다." 옆에 있는 환자들에게 피해를 주지 않기 위해 간호사들이 머리를 짜냈다. 밤이 되면 환자를 휠체어에 앉히고 그 위에 식판대를 설치한 뒤에 간호사들이 근무하는 병동에 환자를 모서다 놓는 것이었다. 이렇게 하면 근무하면서 환자를 돌볼 수 있고 다른 환자들은 잠을 잘 수 있었다.

간호사들은 환자가 휠체어에 앉아 욕을 하다가 지쳐서 잠이 들면 병실에 모셔다 드리기를 반복했다. 일주일이 지나자 환자의 공격성이 줄어들고 치료에도 긍정적으로 반응하기 시작했다. 많이 힘들었지만 묶지 않고 신경안정제를 쓰지 않은 결과가 나타난 것이었다. 환자는 전문 재활치료에도 협조적으로 바뀌어 재활치료를 시작한 지 두 달 만에 퇴원할 정도가 됐다. 누워서 입원한 환자가 일어서고 스스로 걸을 수 있게 된 것이다.

이 환자는 우리 병원에서 실시하는 4무2탈의 존엄케어가 모두 적용된 사례다. 누워서 입원한 환자를 묶지도 않았고 기저귀를 채우지도 않아서 욕창도 와상도 없었다. 나중에 환자에게 왜 그렇게 욕하고 공격적이었냐고 물어보았다.

"서울에서 처음 병원에 갈 때부터 여기 오기 전까지 나한테 다가온 사람은 모두 나를 묶으려고 한 사람밖에 없었어요."

이분은 나름대로 스스로를 방어한 것뿐이었다. 환자의 대답을 듣고 우리는 환자의 니즈를 소중히 생각해야 하는 존엄케어 정신을 다시 생각해보게 됐다. 이것이 존엄케어 실시 후 매달 발표해오고 있는 첫 성공 사례였다.

이 성공 사례 발표에서 우리 직원들은 우리도 존엄케어를 할 수 있다는 자신감을 가지게 됐다. 게다가 사례 발표는 직원뿐만 아니라 간병사들의 의식까지 바꾸어놓았다. 내가 직접 사례 발표 동영상을 보여드렸는데 간병사들이 이게 우리가 한 일이냐고 되묻기도 했다.

간병사에게 자긍심을 불어넣다

사실 병원 종사자 중에서도 간병사는 직업에 대한 자존감이 제일 낮았다. 일본과는 다르게 간병보험이 안 되고 보니 제도권으로 들어오지 못했다. 그 때문에 간병협회에 소속돼 있어도 4대보험이 적용되지 않았고 급여도 많지 않았다. 간병사라는 직업은 병원에서 제일 더럽고 힘든 일(대소변을 받고 목욕시키는 일)을 하면서 월급은 제일 적게 받는 아주 하찮은 일이라고 생각하는 경향이 있었다.

나는 동영상을 보여드리면서 칭찬을 아끼지 않았다.

"여러분이 하는 일은 더 이상 하찮은 일이 아닙니다. 존엄케어를 하기 전 같으면 아마 저분은 얼마 못 가서 돌아가셨을 겁니다. 저분이 다시 침상에서 일어나 퇴원하게 되었습니다. 누가 한 일입니까? 바로 간병사님들이 저분을 일으켜 세워 다시 걷게 한 주역입니다. 저분을 일으키는 데 간병사의 역할이 70%라면 간호사는 20%, 의사는 10%입니다."

사실이었다. 24시간 환자와 함께 생활하고 돌보는 분은 바로 간병사들이니까 말이다. 간병사는 이제 하찮은 일을 하는 직업이 아니라 누군가에게 삶에 대한 새로운 희망과 용기를 주는 직업이 됐다. 이 사실을 간병사가 알고 직업에 대해 자긍심을 가졌다.

10년 전 우리 병원을 개원하기 전에 간병사들은 대부분 시골에서 농사짓고 손주를 돌보던 분들이었다. '직업의식'이란 것을 기대하기 힘들었다. 그런데 사례 발표 영상을 보고 간병사들은 자신의 직업을 통해 누군가에게 도움을 준다는 것을 확실히 인식했다. 여태까지는 먹고살기 위해서 일을 해왔다면 이제는 이를 뛰어넘어 직업을 통해 타인에게 희망과 용기를 줄 수 있다는 직업적인 나눔을 체험하게 된 것이다.

"병원 로비가 좋으시면
여기 이불 깔아 드릴게요"

2016년 6월에 발표했던 존엄케어 사례를 하나 소개하겠다. 우리 지역 인근의 모 요양병원에서 강제퇴원을 하고 우리 병원에 왔던 환자의 사례다.

의료진이 환자 상태가 공격적이고 폭력적이어서 억제대나 신경안정제를 써야 할 상황이라며 보고했다. 이전 병원에서는 신경안정제를 써도 환자가 안정되지 않자 퇴원을 결정했고 보호자가 부랴부랴 우리 병원을 찾아온 것이었다.

첫날부터 환자는 폭력적이었고 걸음걸이도 불편한 상태인데 배회하는 성향마저 있어 침대에서 일어났다가 복도로 나왔다가 불안해 보였다. 문제는 여기서 발생했다. 배회하던 할머니가 복도에 드러

누웠다. 방에 들어가서 침대에 누우시라고 말씀드렸지만 막무가내였다. 하는 수 없이 복도에 이불을 깔아드리고 첫날은 거기에서 주무시게 했다. 환자가 안정을 찾을 수 있게 환자의 심리 상태에 맞춰드린 것뿐이었다. 전쟁 같은 첫날 밤을 보내고 이틀 사흘이 지나자 할머니는 식사도 잘하고 노래방 프로그램도 하면서 온순한 할머니가 됐다.

환자가 마음을 열 때까지 기다린다

환자가 마음의 안정을 찾는 데는 시간이 필요하다. 인간이기 때문이다. 그런데 보통은 이 시간을 기다리지 못한다. 직원들이 너무 힘들다는 이유에서다. 응급실에만 골든타임이 필요한 것은 아니다. 노인 케어에서도 마찬가지로 처음 며칠을 잘 참고 견디는 것이 중요하다. 환자가 마음을 열때까지 기다려주면 대부분은 결국 잘 따라준다.

존엄케어를 실시하기 전 같으면 공격적인 할머니를 어떻게 해서든지 침대에 모시고 가서 억제대를 쓰고 신경안정제를 썼을지 모른다. 그렇지만 이제는 환자가 안정될 때까지 힘들어도 최대한 맞추면서 기다릴 줄 아는 마음의 여유가 생겼다. 여러 사례를 겪으면서 자연스럽게 노하우가 쌓인 것이다.

그런데 할머니는 왜 소리치고 배회하고 공격적으로 행동한 것일까? 정상적인 뇌와 노인의 퇴화된 뇌를 비교해보면 이유는 간단하다. 퇴화돼서 줄어든 뇌는 정상적으로 인지 작용을 하지 못하고 이상 행동으로 발현된다.

어린아이의 뇌는 노인의 뇌와 부피가 비슷하다. 다른 점은 퇴화된 것이 아니라 성장 과정에 있다는 것이다. 아이들이 소리 지르고 돌아다닌다고 해서 아이들을 묶어놓고 신경안정제를 먹여서 재우는 사람은 없을 것이다. 노인 환자도 같은 관점에서 생각해야 한다. 그러나 현실은 그렇지 않다. 노인 환자는 조금만 힘들게 하거나 소리치거나 하면 노망났다며 치매가 왔다며 억제대를 쓰고 신경안정제를 아무렇지도 않게 사용한다. 노인 환자를 바라보는 우리의 관점은 이제 바뀌어야 한다.

노인도 소득에 관계없이 질 좋은 케어를 받아야 한다

아이러니하게도 우리 직원들이 그렇게 고생해서 적응한 그 환자가 일주일 만에 퇴원했다. 우리 병원의 간병비가 비싸다는 것이 이유였다. 사실 우리 병원은 시골 지역의 특성상 간병비를 제대로 받지 못해서 간병비 적자를 보고 있는 실정인데도 보호자는 서비스 질과는 상관없이 비용이 저렴한 곳을 선호했다. 결국 그 환자는 간병비를 아예 받지 않는 저렴한 요양병원으로 되돌아갔다. 간병사가 부족한 그 병원에서는 서비스 질이 떨어질 수밖에 없지만 보호자의 경제적인 이유 때문에 어쩔 수 없는 일이었다.

참 안타까운 현실이다. 소득에 관계없이 질 좋은 케어를 받을 수 있도록 일본처럼 간병보험이 필요한 이유가 여기서 다시 대두된다.

누운 환자는 설 수 있게!
서 있는 환자는 걸을 수 있게!

예천 경도요양병원을 안정화한 뒤 안동 복주회복병원을 경매로 인수했다. 그 후 2011년부터 선배의 추천으로 서울에서 건강보험심사평가원의 최고위자 과정을 다녔다. 일주일에 한 번 수업에 가기 위해 서울로 가는 버스에 올랐다. 이왕 서울에 올라가는 김에 좀 더 일찍 가서 수도권 지역의 병원을 한 군데씩 벤치마킹하기로 했다. 그때 보바스기념병원, 미소들노인전문병원, 송파참요양병원을 방문했는데 모두 재활치료를 중심으로 하는 병원이었다.

요양병원은 죽으러 가는 곳이 아니다

흔히 요양병원을 '죽으러 가는 병원'으로 인식한다. 그런데 내가 가본 서울의 요양병원은 재활 환자를 전문적으로 치료하는 곳이었다. 죽으러 가는 곳이 아니라 뇌출혈이나 뇌경색이 왔을 때 재활치료를 통한 조기 가정 복귀를 목표로 하는 곳이었다. 여태껏 요양병원의 재활치료는 대학병원이나 큰 종합병원만큼 못하는 것이 당연하다고 생각했다. 그런데 수도권의 현실은 달랐다. 신선한 충격을 받았다.

그때부터 나는 재활을 하는 요양병원을 운영하겠다는 생각을 품게 됐다. 우리 지역의 시장조사를 시작했고 대구경북 지역의 재활병원인 대구 남산병원과 리더스병원을 둘러보았다. 리더스병원에 갔을 때 안동 지역 환자를 우연히 만났다. 안동에서 치료를 안 받고 대구까지 오셨냐고 물으니 자기가 원하는 재활치료를 해주는 곳이 없었다고 했다. 중풍 후유증으로 음식물을 잘 삼키지 못하는 연하 장애를 치료하는 곳, 뇌졸중 초기에 나타나는 언어 장애를 치료하는 곳이 안동에는 없다는 것이다. 어쩔 수 없이 멀리 대구로 재활치료를 받기 위해 왔노라고 했다. 뭔가 한 방 얻어맞은 기분이었다.

복주회복병원 재활전문센터를 열다

안동으로 돌아와서 나는 경북 북부, 즉 안동 주변의 8개 시군인 영주, 봉화, 예천, 청송, 영양, 문경, 의성, 상주를 아우르는 재활전문병원을 개원하겠다는 결심을 굳혔다. 안동 복주병원을 경매로 인수할 당시 정신병원을 재활병원으로 시설을 바꾸기 위해 화장실도 새로 만들고 친환경 황토벽도 설치하는 등 리모델링 공사를 했다. 그리고 재활의학, 신경발달치료, 작업치료, 일상생활동작치료, 연하치료, 언어치료 등 말 그대로 재활치료팀을 완벽하게 세팅하고 2011년 8월 복주회복병원 재활전문센터를 개원했다.

그런데 막상 개원하고 나니 환자가 없어서 적자가 매달 1억 원씩 발생했다. 환자는 한 명 입원해 있는데 재활치료사는 열 명에 기본적인 재활 시스템과 재활의학과 의사, 간호사 등 기본 병동 인력을 다 갖추고 있으니 적자가 나는 게 당연했다.

입소문이 나서 환자가 증가하기까지 많이 어려웠다. 3개월쯤 지나면서 환자가 늘어나기 시작했다. 우리 병원에 입원했던 환자가 기능이 회복되어서 집으로 퇴원한 사례가 늘어난 것이 직접적인 원인이었다.

보통 뇌출혈과 뇌졸중 환자는 대학병원이나 종합병원에서 수술과 치료를 받은 후 1~3개월 사이에 재활치료를 위해 우리 병원에 입원한다. 입원 당시에는 대부분 구급차를 타고 스트레처카에 누워서 온다. 이 환자들이 빨리 치료되면 6개월 안에 휠체어에 앉고 그 뒤로는 걷고 이후에는 설 수 있었다.

게다가 아직 제도화되어 있지 않지만 '방문 케어'도 실시하고 있다. 환자가 퇴원한 다음에 집에 방문하는 프로그램이다. 퇴원한 환자가 집에 가서 잘 지내는지, 턱에 걸려 넘어져서 다치지는 않는지 확인하는 이른바 애프터서비스 개념의 서비스다. 따로 돈을 받는 것은 아니지만 일본에서 실시하는 '방문연계치료'를 우리식대로 실천하고 있다.

재활센터가 입소문이 나면서 안동 주변 지역(8개 시군)에서 대구로 재활치료를 받으러 가던 환자들이 안동으로 모여들었다. 재활치료 하면 안동 복주회복병원이라는 공식이 만들어졌다. 그리고 경북 북부지역 처음으로 노동부에서 인증하는 재활전문병원 인증마크를 획득했다.

죽으러 오는 병원에서 누운 환자가 일어섰고 일어선 환자가 걷는 병원이 된 것이다.

3장

감사·나눔 활동으로 가치경영을 한다

"병원 이익보다 최우선은 고객 만족이고
그다음은 직원 만족이다!"

"존엄케어도 좋지만 힘들어서 못살겠다"

존엄케어를 시작하고 성공 사례가 연이어 발표되면서 직원들의 자긍심과 보람도 커져갔다. 그런데 6개월이 지나자 직원들이 점점 지쳐가고 힘들어했다.

"다른 병원은 억제대를 쓰는데 우리는 못 쓰니까 너무 힘들어요."라며 퇴사하는 간호사도 있었다. 우리보다 존엄케어를 먼저 시작한 두 군데 병원의 사정도 비슷했다. 존엄케어가 좋은 일인 줄은 알겠는데 그 일을 매일같이 해내야 하는 직원들은 많이 힘들 수밖에 없었다.

돌파구가 필요했지만 마땅히 좋은 생각이 떠오르지 않았다. 이걸 어떻게 해결해야 할지 고민하던 차에 박점식 천지세무법인 회장에게 『당신은 내 심장의 주인』이라는 책을 선물로 받았다. 행복나눔

125운동본부에서 발행한 책으로 삼성중공업, 포스코 등의 대기업에서 실시하던 감사·나눔을 통한 가치경영에 관한 내용이었다. 그중에서 삼성중공업 서병수 반장 가족의 이야기가 가슴에 와 닿았다.

서병수 반장 부부는 아이가 셋인데 딸아이 진경이가 다리를 절었다. 아내는 병든 시부모의 대소변도 다 받아냈는데 남편은 바쁘다며 매일 술 먹고 늦게 들어왔다. 아내는 남편이 원망스러울 수밖에 없었다. 그런데 서 반장이 감사 경영의 일환으로 인사고과에도 반영하는 '5감사'를 쓰게 됐다. 하루에 5가지 감사를 매일매일 쓰다 보니 남편은 아내를 다시 바라보게 됐다. 장애가 있는 아이까지 잘 길러낸 아내, 자신은 한 번도 기저귀를 갈아본 적 없는 부모님 병수발을 다 해낸 아내에게 '100감사'를 썼다. 그리고 아이에게도 '100감사'를 써서 주었다.

100감사 편지를 받은 딸아이 진경이는 아버지에게 답장으로 역시 100감사 편지를 써주었다. 거기엔 이런 내용이 있었다. "다리만 불편하게 낳아주셔서 감사합니다."

이 문구를 읽는 순간 나는 '바로 이거다!' 싶었다. 어려운 상황에서도 긍정 마인드, 감사한 마음을 가질 수 있다면 어떤 어려움도 극복할 수 있을 것이란 생각이 들었다.

직원들이 존엄케어를 일로서 받아들이는 것이 아니라 병원에 종사하는 사람으로서 당연히 해야 할 가치로 받아들일 수는 없을까 고민해왔다. 나는 감사·나눔 경영이 그 답이 될 수 있을 것이라 판단했다. 직원들에게 잠재돼 있는 긍정성을 끌어올릴 수 있는 길이 될 것이라 확신했다.

『당신은 내 심장의 주인』을 400권 구입해서 직원들에게 나눠주었다. 감사·나눔 경영을 선포하고 행복나눔125운동을 진행하기로 결정했다. 행복나눔125운동은 1일1선행, 1월2독서, 1일5감사를 내세운다. 하루에 한 가지 선행하기, 한 달에 책 두 권 읽고 토론하기, 하루에 다섯 가지 감사 쓰기를 하는 것이다. 무엇이든 1만 번 반복하면 습관이 된다고 하는데 감사도 나눔도 습관이라며 손욱 행복나눔125운동본부 회장님이 제창한 정신문화운동이다. 손욱 회장님은 삼성SDS 회장, 농심 회장을 지냈고 '식스시그마 전도사' '한국의 잭 웰치' 등의 수식어로 불리는 기업혁신의 전도사다. 행복하고 신바람이 나면 자연스럽게 창의력이 따라붙는 법이라며 지금은 '감사·나눔 전도사'가 되셨다.

손욱 회장님을 모시고 감사·나눔 강의를 듣고 감사·나눔 경영을 공식적으로 선포했다. 의료계에서 감사·나눔 경영을 처음 도입했다. 존엄케어와 감사·나눔이라는 가치가 만나 새로운 단계로 진화하려는 순간이었다. 감사라는 긍정성 기반 위에 존엄케어를 꽃피우려는 모험이 시작된 것이다.

그 이후 감사나눔신문의 도움으로 감사·나눔을 조직문화로 안착

시킬 수 있었다.

감사합니다 대 증오합니다

행복나눔125운동의 첫 실행으로 '1일5감사'를 시작했다. 하루에 5가지 감사한 일을 찾아서 써보자고 직원들에게 제안하고 감사일 기장과 감사카드를 구입해서 나눠주었다. 5감사를 좋아하는 직원도 있었지만 대부분은 "존엄케어도 하기 힘든데 5감사는 또 뭐야?"라고 불만을 쏟아냈다. "3개월만 해보고 힘들면 그때 관둬도 좋다."라는 말로 직원들을 설득했다. 5감사와 병행해서 실시한 것이 감사 실험이었다.

밥을 두 개의 유리병에 넣은 뒤 뚜껑을 닫고 한쪽에는 '감사합니다'라고 쓴 종이를 유리병에 붙이고 다른 한쪽은 '증오합니다'라고 쓴 종이를 붙였다. 이 감사 실험 유리병을 모든 병동과 부서에 동시에 배치하고 일주일을 관찰했다. 일주일 뒤 '감사합니다'가 붙어 있는 유리병의 밥은 곰팡이가 생기지 않았는데 '증오합니다'가 붙어 있는 유리병에서는 검은곰팡이, 푸른곰팡이가 생겼다.

이어서 고구마, 양파 실험도 전 병동과 부서에서 직접 실험해보았다. '감사합니다'를 붙인 양파는 잘 자랐는데 '미워합니다'를 붙인 양파는 싹도 돋지 못한 채 썩어버렸다.

말에 담긴 긍정 에너지와 부정 에너지에 따라 어떤 일이 벌어질지 예상할 수 있는 실험이었다. 감사를 하면 긍정 에너지가 전달된다는 것이 증명됐다. 눈에 보이지 않는 에너지가 시공간을 초월해 다른 매개체에 전달될 수 있다는 양자물리학 이론을 감사 실험으로 보여주었다. 내가 매일 적은 5감사 에너지가 그 대상인 가족과 동료에게, 나의 소중한 사람들에게 전달된다는 것을 충분히 예상할 수 있었다.

병원과 경영자인 나를 위해서 5감사를 쓰자는 것이 아니라 직원들이 각자 소중한 가족과 동료에게 5감사를 씀으로써 좋은 에너지를 전달해보자고 직원들을 설득했다. 이때 3개월 해보고 하기 싫으면 관두자 했던 일이 2년 반이 넘게 이어지고 있다. 지금은 거의 모든 직원이 하루를 정리하는 일기처럼 5감사를 쓰고 있다.

사실 많은 사람이 일기를 잘 쓰지 않는다. 우리 병원 직원들은 매일 5가지 감사를 쓰다 보니 자연스럽게 '감사일기'를 쓰게 됐다. 5감사를 쓰지 않으면 하루가 제대로 마무리되지 않은 것처럼 느껴진다는 말도 들려온다. 말 그대로 감사가 생활의 일부가 된 것이다.

당연한 것에 감사하라

행복나눔125운동 중에 '나작지'란 말이 있다. 나부터 작은 것을 지금 시작하자는 말이다. 처음에 직원들이 5감사를 힘들게 받아들이자 경영자인 나부터 먼저 매일 5감사를 썼다. "우리 병원과 한 가족이 되어주어서 감사합니다."라는 인사로 시작하는 5감사 카드를 모든 간부에게 돌렸다.

5감사 카드를 쓰면서 나도 느낀 게 있었다. 평소에 간부들에게 고마운 마음이 참 많았는데 표현한 적은 거의 없었다. 간부들 한 명 한 명에게 감사카드를 쓰면서 감사를 표현하는 것이 중요함을 느꼈다. 아무리 마음속에 좋은 생각을 가지고 있어도 표현하지 않으면 모르는 것이다. '가족이니까 당연히 알겠지'라고 생각하면 안 된다. 소중한 가족이나 사람일수록 더 자주 "사랑해." "고마워." "감사해."라고 표현해야 한다. 이 글을 읽는 분들은 오늘 당장 예쁜 종이 위에 소중한 가족, 부모님, 배우자, 자녀들에게 보내는 5감사를 써보길 바란다. 카드나 편지를 전달할 여건이 안 되면 문자라도 보낼 것을 추천한다.

감사를 표현하면 내 기분이 좋아진다. 받는 사람이 기분 좋은 것은 두말할 필요가 없다. 특히 자녀를 둔 부모라면 강력히 추천한다. 학교 성적이 안 나온다고 나무라고 닦달한 경험이 있다면 더욱 추천한다. 혹시 우리 아이가 아프지 않고 건강하게 자라는 것에 감사했던가? 별로 없었을 것이다. 어쩌다 TV에 희귀난치병을 앓고 있는 아이들이 힘들게 치료를 받고 있는 장면을 본 적이 있을 것이다. 그 곁을 지키고 있는 부모의 모습도 떠올려보기 바란다. 우리 아이들이 안 아프고 건강하게 자라고 있는 것만으로도 얼마나 감사한 일인지, 얼마나 큰 행복인지 알게 될 것이다.

5감사를 쓰다 보면 범사에 감사하게 된다. "밤에 잘 자고 오늘 아침 잘 일어나서 산책하고 운동하고, 출근해서 동료들과 인사 나눌 수 있어서 감사합니다." 내가 매일 쓰는 1번 감사다.

당연한 일이지만 감기가 들면 밤에 잘 자기 힘들고 아침에 일어나기가 어렵다. 비가 오면 밖에 나가 산책하고 운동하기가 귀찮아진다. 당연한 것에 대한 감사가 쌓이다 보면 내가 누리고 있는 것들이 눈에 보이기 시작한다. 숨쉬는 것, 아프지 않은 것, 가족과 여행 가는 것, 직장에 다니는 것, 이런 모든 것에 감사를 느끼게 될 것이다.

감사운동은 착한 마음을 끌어내는 트레이닝이다

포털사이트 다음에 '인덕의료재단 감사·나눔카페'를 만들었다. 여기에 5감사 게시판을 만들고 모든 직원이 글을 써서 올리기로 했다.

나는 직원들의 5감사를 모두 읽고 댓글을 달았다. 하루에 평균 세 시간 이상 댓글을 달다 보니 눈이 빠지는 것 같았다. 시력도 나빠졌다. 그 모든 걸 읽다 보니 직원들 400명의 이름을 자연스럽게 외우게 됐다. 5감사를 쓰기 전에는 사실 직원들 이름을 다 외우지 못했다. 병동 라운딩을 돌 때 직원들 이름을 모르니 인사만 간단하게 하거나 목례만 하는 게 다였다.

그런데 5감사 게시판에 직원들이 올려놓은 글을 읽으면서 병동에서 있었던 소소한 일, 직원들 개개인의 소소한 사정을 알게 됐다. 예를 들어 전날 병동에서 직원을 힘들게 한 환자가 있었다는 것을 5감사 게시판을 통해서 알게 되면 라운딩을 돌 때 그 직원에게 "○○쌤, 어제 △△ 환자 때문에 힘들었겠다. 고생 많았지?"라고 이름을 부르면서 물어봐주면 이사장이 평직원들 이름을 외우고 있다는 사실에 무척 고마워했다. 서로 관심과 소통이 시작된 것이다.

직원들은 매일 5감사를 썼기 때문에 환자에게는 물론 동료끼리도 감사를 전달했다. 특이하게도 "오늘 점심 같이 먹어주어서 감사합니다." "인사했는데 반갑게 받아주어서 감사합니다." 이런 내용도 있었다. 매일 쓰다 보니 특별하게 쓸 거리가 없어서 일상생활 중에 일어나는 평범한 것에서 감사거리를 찾았다. 감사할 거리를 찾다 보니 점점 동료의 단점보다는 장점을 보게 됐다.

감사·나눔으로 비난 문화를 없애다

5감사는 우리 병원의 문화를 확 바꿔놓았다.

첫째, 욕하는 문화가 없어졌다. 병원이라는 근무지 특성상 여직원이 80% 이상이다. 세 명이 함께 있다가 한 명만 없어지면 두 명이 나머지 사람을 욕하고 비난한다. 뒷담화다. 사실 이것은 여직원들뿐만 아니라 남자 직원들도 마찬가지였다.

그런데 5감사를 시작하고 나서 3개월 정도 지나자 분위기가 바뀐 것을 확연히 느낄 수 있었다. 직원들이 서로 단점보다는 장점을 찾아서 이야기하는 것이 점점 습관화되는 것 같았다. 한 가지 업무상 실수가 있을 때 과거에는 실수에 상응하는 처벌을 해야 한다고 주장하던 직원들이 지금은 "그럴 수도 있지."라고 이해한다. 비난의 문화, 욕을 하는 뒷담화 문화가 사라졌다. 여직원들끼리 따로 MT를 가기도 하고 친밀해져서 직장 분위기가 매우 좋아졌다.

둘째, '그럼에도 불구하고 감사합니다'라는 긍정의 문화가 확산됐다. 하루는 내가 5감사를 읽고 있는데 눈에 띄는 글이 게시판에 올라왔다. 내용은 이랬다.

병동에서 환자 한 분이 대변을 보기 위해 가다가 참지 못하고 휴지통에 대변을 눈 일이 있었다. 5감사 쓰기를 시작하기 전 같으면 그 간호사도 "왜 하필 내 근무시간에 이런 일이 일어나는데. 짜증 나!"라고 했을 것이다. 그런데 놀랍게도 "△△ 환자분 휴지통에 대변 보셔서 치우는데 힘들었지만 그래도 낙상사고 없어서 감사합니다."라고 쓰여 있었다. 평소에 성격 좋은 간호사로 평판이 있던 사람이 아니었다. 3개월 정도 매일 쓴 5감사가 인간의 내면에 원래 있던 착한 본성을 끌어낸 것이라고 나는 생각한다.

그래서 나는 감사운동을 착한 마음을 끌어내는 트레이닝이라고 생각한다.

나쁜 일도 훌훌 털어버릴 수 있다

거래 업체와 계약을 잘못해서 5,000만 원을 손해 보게 된 그날 저녁 나의 5감사에는 이렇게 쓰였다.

"1억 원을 손해 안 보고 넘어가서 감사합니다."

과거 같았으면 분하고 억울해서 잠도 못 잤을 것이다. 이럴 때 분한 마음에 술이라도 마시면 몸만 상한다. 술 마시고 스트레스 받는다고 상황이 바뀔 리는 없다.

5감사를 쓰면서 하룻동안 있었던 일들을 돌아보고 좋은 일은 좋아서 감사하고 나쁜 일은 더 심한 나쁜 일이 안 생겨서 감사하다고 생각하면 감사하지 못할 일이 없다. 나 또한 하루 마무리를 하면서 좋은 일이든 나쁜 일이든 5감사를 쓰면서 마음을 훌훌 털어버렸다. 이것이 바로 1일5감사의 매력이다. 누구나 살면서 좋은 일만 일어나지 않는다. 나쁜 일도 반드시 일어나는 법인데 그때마다 스트레스 받고 고민하면 나만 손해다.

5감사 쓰기를 독려하기 위해 매월 80% 이상 1일5감사를 쓴 직원들에게 1인당 1만 원씩 계산해서 부서별 감사회식비를 지급했다. 처음에는 직원들이 이 돈을 먹고 마시는 데만 썼는데 나중에는 영화도 보러 가고 차도 마시러 가는 등 친밀감을 높이는 더 긍정적인 효과로 이어졌다. 나는 부서별 감사회식에 모두 참석해보고 말단 직원, 평직원, 간부들의 소중한 의견을 들었다. 이때를 계기로 존엄케어와 감사

·나눔에 관한 내 생각을 직원들에게 전할 수 있었다.

감사회식은 직원들끼리, 부서별로, 경영자와 평직원 간에 소통할 수 있는 기회가 됐다.

모든 직원이 분기마다 책을 한 권
읽고 독서토론을 하다

　행복나눔125운동의 두 번째는 '1월2독서'다. 그런데 한 달에 두 권의 책을 읽는다는 것이 쉽지 않은 일이었다. 읽기 습관을 위해 적용했던 방법이 한 달에 두 번 발간되는 감사나눔신문을 제공하는 것이었다. 직원들이 신문을 읽고 토론할 수 있게 시간을 마련했고 결과는 성공이었다. 간병사들도 신문을 읽고 한 가지씩 발표하게 했다. 중환자실 병동에서는 아침마다 인사하는 시간에 자기가 읽은 신문 중 한 구절에 대한 소감을 발표했다.

　이후에 1월2독서를 시도했는데 직원들이 부담을 느껴서 분기마다 병원에서 책 한 권을 선정해 지급하고 독서토론을 하는 것으로 바꾸었다. 직원들이 독서토론을 업무로 느끼지 않게 하기 위함이었다.

독서토론에서 인생을 이야기하다

독서토론을 통해서 각자의 사연도 알게 되고 서로를 이해하는 계기가 됐다. 그리고 시간이 흘러 독서를 하는 분위기가 무르익었다. 나는 읽은 책 중 좋은 책을 선정해서 직원들에게 지급했는데 특히 『경청』『배려』가 큰 반향이 있었다. 이 두 권의 책으로 누군가의 이야기를 끝까지 듣고 존중하는 문화가 생겨났다.

사실 이 책들을 읽기 전까지는 모두 자기 말만 옳다고 생각해 자기 이야기만 하려는 경향이 있었다. 상대방이 하는 말에 귀를 기울이는 경청에 신경 쓰는 사람은 별로 없었다. 하지만 책을 읽고 나서 서로 존중하고 배려하는 문화는 물론이고 독서라는 것이 삶을 변화시키는 도구가 될 수 있다는 것도 처음 경험하게 됐다.

이후로는 부서별로 독서토론을 가지도록 했다. 귀찮아하는 직원도 있었지만 대부분은 잘 따라와 주었다. 나는 모든 부서의 독서토론에 참석해서 직원들과 책에 대해 이야기를 나누기도 하고 내가 살아온 이야기와 비슷한 내용은 내 경험을 직접 전하기도 했다.

특히 2016년에는 직원들에게 삶에 대한 동기를 부여하려고 『마시멜로 이야기』『육일약국 갑시다』『하루 1% – 변화의 시작』 3권을 독서토론 책으로 선정했다. 『마시멜로 이야기』를 통해 과거의 삶을 반성하고, 『육일약국 갑시다』를 통해 성공하는 인생을 위해 해야 할 일들을 계획하고, 『하루 1% – 변화의 시작』을 통해 미래에 대한 계획을 실천할 수 있도록 이야기를 나눌 수 있었다.

이 책들은 모두 내가 살아온 인생과 공통 부분이 많아서 직원들과 독서토론을 할 때 할 얘기가 많았다. 만약 내가 살아온 경험을 그냥 이야기했다면 직원들은 그저그런 잔소리로 치부해버렸을지도 모른다. 그런데 책을 통해서 내 이야기를 하니까 직원들도 자연스럽게 받아들였다.

독서가 직원들의 삶을 바꾸다

내가 직접 주관한 독서토론은 급여가 적고 불안한 미래를 두려워하는 신입사원과 저임금 근로자들에게 많은 자극이 됐다. 이런 직원들에게 월급 몇십만 원을 올려준다고 해서 인생이 변화하지 않는다. 월급 인상은 결과적으로 지출만 늘어날 뿐이다. 나 또한 직장생활을 오래 해봐서 잘 알고 있는 사실이다.

독서토론을 통해서 직원들이 지금 할 수 있는 작은 일을 실천함으로써 작더라도 성공하는 경험을 하기 바랐다. 지금은 작은 성공일지라도 그것이 여러 가지 파생효과를 일으키면 변화가 생긴다. 작은 도전, 작은 실천, 작은 성공이 반복되면 성공하는 습관과 원리가 만들어지는 것이다. 그 습관이 5년에서 10년 정도 지나면 지금은 상상하지 못할 기적이 일어난다는 나만의 성공법칙을 알려주고 싶었다. 그

때는 이미 무얼 하는지는 중요하지 않다. 뭘 해도 성공할 수 있는 사람이 되어 있으니까.

다행히도 독서토론회에 참석했던 직원들에게 작은 변화가 생겨났다. 휴학한 대학원을 다시 다닌 직원, 의미 없이 퇴근하고 커피숍에서 수다 떨던 생활을 접고 영어회화 학원에 다닌 직원, 담배를 끊고 아낀 돈으로 아이의 책을 구입하고 작은 기부를 실천하는 직원, 술자리를 줄여서 아낀 돈으로 아이들 적금을 넣는 직원 등 사례가 늘어났다. 독서가 직원들의 평범한 삶에 변화를 일으켰다.

독서토론회를 시작하고 나서 생긴 변화 중 특별히 소개하고 싶은 직원의 사례가 있다. 물리치료실에서 근무하는 이 직원은 지금까지 다이어트로 20킬로그램 이상 감량에 성공했다. 지금까지도 꾸준히 다이어트 비법을 실천하고 있기 때문에 요요는 오지 않을 것 같다. 믿어지지 않겠지만 20년 넘게 시도했으나 실패했던 다이어트를 성공으로 바꾼 비결이 바로 『육일약국 갑시다』란 책에 있었다. 독서토론으로 인해 새로운 삶을 살아가고 있는 직원들이 늘어나고 있으니 나는 행복한 경영자다.

"당신께 받은 것이 너무 많습니다"

　나는 앞서 말한 『당신은 내 심장의 주인』이라는 책을 읽고 난 뒤에 100감사를 쓰기로 했다. 5감사가 하루 중에 있었던 감사한 일 5가지를 적는 것이라면, 100감사는 한 사람에게 100가지 감사한 일을 쓰는 것이다. 예를 들어 부모님에게 어릴 때부터 기억나는 감사한 일을 100가지를 쓴다.

　보통은 60가지 정도 쓰면 쓸 게 없어서 1차 고비를 겪는다. 여기서 지난 세월을 쥐어짜다 보면 80가지 정도는 쓸 수 있다. 이때 다시 2차 고비에 처하는데 막바지 쥐어짜기를 더 해야만 100감사를 완성할 수 있다.

　100감사를 쓰면서 그간 기억 저편에 묻혀 있던 파편을 끄집어내다 보면 잊고 있던 일들에 대한 감사한 마음이 다시 들기도 한다. 인간은 망각의 동물이다. 고마운 이야기도 시간이 지나면 잊어버린다. 100감사는 잊고 있던 감사를 다시 떠올려 소중한 만남과 인연을 더 소중하게 만들어준다.

40년 만에 아버지와 화해하다

우리 병원의 한 직원은 어릴 때부터 지금까지 아버지와 사이가 불편한 채로 지내왔다. 아버지가 딸이라는 이유로 공부도 안 시켜주고 책도 안 사주었다고 한다. 남존여비를 당연시했던 때가 있었다. 결혼해서 아이 낳고 잘 살고 있는 지금도 그녀는 아버지에 대한 원망을 늘 품고 있었다. 병원에서 감사활동이 실시되자 그녀는 아버지에게 100감사를 써보기로 했다. 그동안은 늘상 남자 형제에 비해서 받은 것이 없다고 생각하며 살아왔는데 100감사를 쓰면서 몰랐던 아버지의 사랑을 깨달았다. 한 가지 한 가지 써 내려가다 보니 아버지한테 받은 게 너무 많았다. 100감사를 쓰고 나서 보니 본인이 섭섭했던 것은 사실 몇 가지 되지 않았다.

그 일을 계기로 40년 만에 아버지와 화해한 그 직원은 병원 일이나 행사가 있으면 가장 적극적으로 참여하고 긍정성이 높은 직원으로 바뀌었다. 100감사 편지를 전달한 뒤 1년이 지나고 아버지가 지

병으로 돌아가셨다. 만약 100감사를 써보지 않았다면 돌아가시기 전까지 아버지와 화해하지도 못했을 것이고 아버지의 사랑을 확인하지도 못했을 것이다.

다음 카페 100감사 게시판에 직원이 100감사를 올리면 10만 원의 상품권을 지급한다. 직원들이 처음에는 상품권 욕심 때문에 100감사를 쓴다. 그런데 쓰다 보면 감사의 진정한 의미를 알게 되고 100감사로 인해 가족이 화목해지고 소중한 인연을 지켜가고 급기야는 긍정성까지 올라갔다.

100감사 효과로 마음을 전달하다

우리 병원은 어버이날에 직원이 100감사를 써오면 꽃다발과 케이크를 감사편지와 함께 부모님께 보내주는 이벤트도 하고 있다. 이 글을 읽고 있는 독자분들도 부모님이 살아계신다면 100감사를 꼭 써보기 바란다. 100감사편지를 어버이날 선물로 보내면 부모님께는 생애 최고의 선물이 될 것이다. 이 이벤트는 직원들 호응이 매우 좋다.

나도 100감사를 아내에게 처음으로 썼다. 쓰다 보니 모자라서 200감사를 썼다. 그 이후에 부모님 그리고 우리 병원의 핵심 간부들에게도 모두 100감사를 썼다. 아내에게 쓴 200감사를 보면 내가 처음에 병원 사업을 어떻게 시작했는지, 어떤 어려움을 극복하고 지금이 자리에 있는지 그 역사가 생생하게 다 들어 있다. 신입직원들은 우리 병원이 성장해온 역사를 알기 위해 감사카페의 100감사 게시판에 올려둔, 내가 아내에게 쓴 200감사를 읽어본다고 한다. 병원의 핵심 간부들에게 쓴 100감사도 재단에 속해 있는 두 병원의 탄생 스토리를 담고 있기 때문에 직원들이 병원을 이해하기 위해 읽어보기도 한다.

내가 쓴 100감사를 읽은 간부들은 그것을 가족에게도 보여주면서 자신이 어떻게 병원에서 일하고 있는지 자랑스럽게 소개할 수 있었다고 한다. 그걸 본 자녀들은 열심히 일해온 아빠 엄마를 자랑스럽게 생각하고 있다.

100감사 게시판에서 직원들이 쓴 100감사를 읽다 보면 직원들의 가정환경과 성장과정을 알 수가 있다. 당연히 직원들을 좀 더 이해하는 데 많은 도움이 됐다. 어떤 직원의 사연은 눈물 없이는 읽을 수 없었다. 이런 100감사 사연만 추려도 책 한 권 분량은 되지 않을까 싶다.

또 100감사는 사람의 마음을 전달하는 데 탁월한 효과가 있다. 내가 소중히 여기는 간부가 있다. 일을 하다가 직원들에게 오해를 받는 일이 생긴 데다가 개인적으로 힘든 일이 겹치면서 사직 의사를 밝혀왔다. 나에게는 반드시 필요한 간부인지라 만류했지만 입장이 단호했다. 나는 일본 노인병원 견학을 위해 출국을 앞두고 있던 터라 불잡고 설득할 시간이 없었다. 마지막으로 그에게 진심을 담아서 입사한 날부터 지금까지의 기억을 최대한 되살려 100감사를 써서 전달하고 출국했다.

일본에서 귀국해서 출근해보니 그는 여전히 출근하고 있었다. 지금까지도 믿고 일을 맡길 만큼 내게는 소중한 인재가 됐다. 백 마디 말보다 진심을 담은 100감사가 훨씬 효과적이었다. 인간관계가 어려워졌을 때 100감사를 잘 활용하면 많은 도움이 되지 않을까 생각한다.

감사는 조선족 간병사도 춤추게 한다

안동 복주회복병원은 간병사를 구하기 힘들어 조선족 간병사들이 근무하고 있다. 인력이 부족한 상황에서 선택의 여지가 없었다. 처음에는 과연 문화적 성향이 다른 조선족 간병사들과 같이 존엄케어를 할 수 있을까 하는 의문이 들었다.

조선족 간병사들은 대부분은 친절하지 않은 말투에다 서비스 마인드가 부족했다. 서비스 질이 떨어지는 데는 또 다른 이유가 있었다. 내국인 간병사는 하루 일하고 하루 쉬는 시스템인 데 반해 조선족 간병사는 쉬는 날 없이 계속 근무하는 시스템이었다. 저녁에 환자들이 잘 때 옆에서 같이 자는 생활을 하기 때문에 밤새 힘든 환자라도 있으면 잠을 못 잤다. 다음 날 서비스 질이 떨어질 수밖에 없었다.

존중과 배려의 문화를 시작하다

감사·나눔 활동의 하나로 간호사들이 조선족 간병사들에게 감사 카드를 써서 전달했다. 그리고 고향 떠나 먼 이국 땅에 와서 음식도 맞지 않은데 돈 벌겠다고 고생하는 이분들을 진짜 우리 병원의 가족으로 대해드리기로 했다. 이분들의 처우 개선과 애로사항을 경청하고 하나씩 해결해주기로 결정했다. 존중과 배려의 문화가 시작된 것이다.

간병사들이 처음 요청한 일은 음식에 관한 문제였다. 대륙에서 오래 생활했기 때문에 육식에 길들여져 있어서 고기를 먹고 싶다는 의견이었다. 2주일에 한 번씩 특식으로 돼지고기 보쌈을 해드리기로 했다.

처음 돼지고기를 삶은 날 내가 시식을 했다. 나는 후각만 발달한 게 아니라 미각에도 예민하다. 이때 내가 시식한 것은 왠지 수퇘지를 삶았을 때의 냄새가 났다. 영양실장에게 "고기가 냄새가 좀 나는데요?" 라고 하니까 비용을 아끼기 위해서 독일산을 준비했다는 것이다.

문제 제기를 한 나와는 달리 조선족 간병사들은 무척 잘 드셨다. 하지만 영양사에게 비용 생각지 말고 2주 후에는 국내산 돼지고기로 준비하라고 말해두었다. 간병사들에게 두 가지를 모두 먹어보고 좋아하는 걸 골라보라고 선택권을 준 것이다. 당연히 국내산이었다. 좋고 맛있는 음식은 누구나 똑같이 느끼는 것이니까.

조선족 간병사도 존엄케어와 감사케어를 할 수 있다

이렇게 조선족 간병사들과의 작은 소통이 시작됐다. 그리고 밤에 잠을 안 자거나 공격성이 높아서 조선족 간병사들이 돌보기 힘든 환자들은 내국인 간병사에게 배정했다. 내국인 간병사는 하루 저녁 못 자더라도 다음 날 쉴 수 있는데 조선족 간병사는 오늘 못 자면 내일 낮에 일하는 데 지장이 생기기 때문이다. 가능하면 조선족 간병사에게는 돌보기 쉬운 환자를 배정했고 내국인 간병사에게는 돌보기 어려운 환자를 맡겼다.

내국인 간병사를 병동마다 1인 이상 배치해서 조선족 간병사가 목욕을 일주일에 두 번 이상 시킬 때나 케어가 힘든 방을 관리해야 할 때 도와주게 했다. 그렇게 존중하고 배려하면서부터 조선족 간병사들도 변화하기 시작했다. 아침마다 직원들이 하는 감사인사 교육에 동참했고 직원들과 같이 돌아가면서 5감사를 발표했다. 조선족 간병사들도 감사·나눔에 동참한 것이다. 그들도 환자에게 잘하기 위해서 노력했다. 우리 직원들과 같이 힘을 합쳐 존엄케어의 동반자로서 최선을 다해 제 역할을 해내고 있다.

이분들 중에 잊을 수 없는 분이 있다. 이인순 조선족 간병사님이다. 체구는 작았지만 환자를 위하는 마음만은 누구보다 최선이었다. 계속 콧줄을 빼는 환자에게 억제대를 안 쓰게 하려고 손에 인형을 쥐어준 분이 바로 이분이다. 여름에 환자들이 더워할 때는 이불에 직접 풀을 먹여서 환자를 덮어드리기도 했다.

이분의 사례로 인해 우리 병원의 탈억제 운동이 본격화됐다. 조선족 간병사도 하는데 우리도 해보자는 의지가 직원들 마음에 생겨난 것이다. 이분은 KBS 「시사기획 창」에 탈억제대 사례로 전국 방송을 타며 유명해지셨다.

이 방송 이후에 조선족 간병사도 내국인 간병사와 똑같이 장기근속수당을 주기로 했다. 명절 때 차례를 못 지내는 간병사들을 위해 명절 때마다 차례상도 차려드리고 있다. 우리 병원에서는 조선족 간병사라고 해서 내국인과 다른 차별대우를 받지 않는다.

조선족 간병사들과 맺은 파트너십을 통해 조선족 간병사도 존엄 케어를 할 수 있다는 것을 최초로 우리 병원이 증명했다. 친절해 보이지 않는 조선족 간병사라 해도 우리와 동등한 인격체로 대하고 가족과 같이 돌봐주면 그분들도 진심으로 최선을 다한다는 건 우리 병원 사례를 보면 알 수 있다.

이 모두가 감사·나눔 활동으로 인해 가능했던 일이다.

간병사도 직원과 똑같이 대우하다

우리 병원도 사실 처음부터 간병사들이 협조적이었던 것은 아니다. 진심을 다해서 일하는 쪽은 아니었다. 2008년 장기요양보험이 시행되면서 예천 경도요양병원에 장기요양보험이 적용되는 26병상 운영을 결정했을 때의 일이다.

간병사와 요양보호사의 처우를 같게 하다

경도요양병원을 개원할 때 모든 간병사는 다 똑같이 개인사업자 형태의 '간병사' 신분이었다. 4대보험과 퇴직금이 적용되지 않는, 외부 간병협회의 개인사업자 형태로 근무했다. 2008년 장기요양보험이 시행되자 간병사는 '요양보호사'라는 이름으로 제도권 내에서 4대보험과 퇴직금을 적용받았다. 이제 간병사는 병원에서는 개인사업자로 일했고 요양원에서는 간병보험이 적용되고 법적 신분을 보장받는 요양보호사로 일했다. 두 가지 근무 형태가 생긴 것이다.

어제까지는 같은 간병사였는데 오늘은 처우와 신분이 바뀐 셈이었다. 똑같은 일을 하는데 다른 처우를 받으면 한쪽에서는 불만이 생길 수 있는 법이다. 제도적인 문제라 어쩔 수 없었지만 그 간극을 최소화하고자 했다. 병원에서 근무하는 간병사의 처우를 최대한 맞춰드리기로 했다. 병원에서 일하는 간병사는 근로자가 아니라 개인사업자 신분이기 때문에 퇴직금을 정상적으로 지급할 수가 없다. 그래서 특별수당 형태로 지급하기로 했다.

경영자인 내 입장에서는 안 줘도 될 특별수당을 지급하는 것이니 쉬운 결정은 아니었다. 하지만 수익보다는 공평한 가치를 추구하는 나의 경영철학에 따라 제도권 문제와 상관없이 지급하기로 결정했다. 그런데 황당한 일이 일어났다. 대부분 간병사는 고마워했는데 몇 분이 노동부를 찾아가서 민원을 넣은 것이다. 당연히 노동부는 간병사는 개인사업자 신분이기 때문에 퇴직금 지급 대상이 아니라는 답변을 했다. 그분들은 여기서 그치지 않고 지방신문 기자를 찾아가서 같은 이야기를 했다. 그 신문기자 또한 병원에서는 안 줘도 될 돈을 준 것이니 고맙게 생각하라며 잘 타일러서 돌려보냈다고 한다.

알아주든 몰라주든 할 수 있는 것을 한다

나도 인간인지라 그때는 참 섭섭했다. 그렇지만 간병보험이라는 제도가 미흡해서 일어난 일이고 그분들 입장에서는 그럴 수도 있겠다고 생각하면서 서운한 마음을 접었다. 부모는 자식이 서운하게 한다고 해서 버리지 않는다. 나 또한 그분들을 버리지 않겠다고 생각하며 마음을 다잡았다.

이때 깨달은 것이 직원들한테 뭔가를 해줄 때는 기대를 하지 말아야 한다는 것이다. 포기한다는 의미가 아니다. 직원들이 알아주든 몰라주든 해주는 것만으로 내 마음이 따뜻해지는 것이 중요하다는 사실을 깨달았다.

시간이 조금 지나고 우리 병원이 존엄케어를 선포했을 때 간병사에게도 직원과 똑같이 장기근속수당을 지급하기로 결정했다. 앞서 노동부 민원에 신문기자 사건이 있었던 데다가 간병사들의 근속 기간이 오래되었기 때문에 장기근속수당에 간병사를 포함시키면 비용이 너무 많이 들어간다고 간부들은 모두 반대했다. 간병사들은 고마워하지 않고 본인들 받을 것만 생각할 것이고 장기근속수당도 마찬가지로 의미가 없을 것이라는 의견이었다.

나는 그게 맞는 말이라 해도 할 수 있는 것은 해야 된다고 생각했다. 결과적으로는 장기근속수당 지급 이후에 간병사들에게 변화가 시작되었으니 모두가 좋은 일이 됐다.

직원 복리후생이 존엄케어로 이어지다

 2013년 10월 존엄케어를 선포할 때 내가 직원들에게 약속한 것이 있다. 우리 병원은 이제부터 '환자를 위한 병원'으로 다시 태어나기로 결정했다. 이것을 바꿔 말하면 직원들은 그만큼 힘들어진다는 이야기다. 경영자로서 직원들에게 희생만 강요할 수는 없으니 복리후생제도를 늘리겠다는 것이 나의 결심이자 약속이었다.

 나는 복리후생제도의 첫 사례로 장기근속수당을 지급하기로 했다. 대부분 경영자는 인센티브나 특별수당을 지급할 때 성과가 나면 주겠다는 약속을 한다. 나 또한 과거에는 그러했다. 하지만 존엄케어 선포 때는 결과와 상관없이 장기근속수당을 지급하겠다고 약속했다.

 우리 병원에서 장기근속수당이란 4월 30일 근로자의 날 바로 전날에 근속 개월수에 1만 원을 곱해서 수당을 지급하는 것을 말한다. 36개월을 근무했다면 4월 30일에 36만 원을 받게 된다.

그런데 간병사를 대표하는 분이 4월 초에 나를 찾아왔다. 간병사는 병원 직원이 아니고 외부 간병협회 소속인데 간병사도 장기근속수당을 지급해주냐고 물어왔다. 사실 이때까지 간병사는 병원 직원이 아니니까 지급 대상이 아니라고 생각하고 있었다.

존엄케어 가치 아래에서 모두 공평하다

나는 휴대폰에 저장되어 있는 존엄케어 사례 영상을 보여드리면서 이렇게 말했다. "우리가 이런 일을 하고 있는데 병원 정규직이면 어떻고 용역이면 어떻고 간병협회 소속이면 어떻습니까. 존엄케어 가치 아래에선 모두 공평합니다. 의사부터 청소하는 분, 간병사님까지 모두 동일하게 적용됩니다."

모두에게 장기근속수당을 지급하면 사실 제일 많이 수령하게 되는 사람은 간병사다. 2014년 당시 우리 병원 간호사들 평균근속은 3년 정도로 장기근속수당을 평균 36만 원 받았다. 그런데 간병사들은 개원 초기부터 계신 분들이 대부분이라 근속 개월수가 84개월 (7년)이라면 84만 원을 받게 된다. 병원 직원보다 간병사가 장기근속수당을 적게는 2배에서 많게는 3배 이상 수령했다. 간병협회 소속 간병사가 정규직보다 더 혜택이 많았다.

이 돈으로 제주도 가족여행을 다녀왔다는 간병사님이 나에게 제주도 초콜릿을 선물로 주셨다. 진정한 고마움이 담긴 초콜릿은 세상 어느 초콜릿보다 맛있었다. 이것을 계기로 인구가 겨우 4만 명밖에 안 되는 소도시 예천군에서 평생을 살아왔던 간병사들이 환자에 대한 태도를 바꾸고 존엄케어에 진지한 사람들로 바뀌었다.

이분들이 돈을 받았기 때문에 변한 것이 아니다. 외부 간병협회 소속이지만 동등한 대우를 받으면서 직원들과 파트너십을 이룰 수 있게 된 것이 진짜 이유였다. 간병사들의 마음을 얻은 것이다. 이것이 존엄케어에 진정성을 더하게 된 결정적인 비결이다. 『육일약국 갑시다』의 김성오 대표가 이야기하던 '마음경영'이 이루어진 것이다.

표정에 환자를 위하는 마음이 드러난다

이후로도 간병사들과 마음과 정성을 합해 환자들을 돌보았고 더 좋은 성공 사례가 계속 발표됐다. 우리 간병사들이 이렇게까지 잘할 줄은 나도 미처 몰랐다. 이분들도 처음엔 '병원 수익을 위해서 존엄케어를 하는 게 아닌 것은 알겠는데 그렇다고 내가 왜 힘들게 일해야 하지?'라고 생각했을지도 모른다. 안 줘도 되는 장기근속수당을 본인들에게까지 지급하는 것을 보고 경영자의 진심을 이해한 것이라 생각한다.

우리 병원에 벤치마킹하러 오는 분들은 한결같이 간병사들의 표정과 태도에 감탄하곤 한다. 어떻게 시골 요양병원에서 근무하는 분들의 표정이 이렇게 밝을 수 있냐고 묻는다. 시골 분들이라 외모는 세련되지 않았을지 몰라도 환자를 위하는 마음만은 한국 최고라고 자부한다.

현재 우리 의료재단은 예천 경도요양병원의 내국인 간병사들과 안동 복주회복병원에 근무하는 조선족 간병사들에게 똑같이 장기 근속수당을 지급하고 있다.

의사가 한 번 움직이면 직원 열 명이 편해진다

우리 병원의 존엄케어에서 빼놓을 수 없는 한 사람이 있다. 바로 노국일 부원장이다. 이분은 내가 존엄케어와 감사·나눔 활동을 통한 가치경영을 하는 데 절대적인 역할을 하는 분이다. 존엄케어는 의사들의 도움 없이는 절대 불가능하다.

노국일 부원장, 평생 함께할 동반자가 되다

노국일 부원장과의 첫 만남은 2008년으로 거슬러 올라간다. 당시는 내과의사를 구하기 어려울 때였다. 면접을 온다던 의사들이 번번이 약속을 어기곤 했다. 하루는 강원도에서 연락한 분과 면접 날짜를 잡았다. 오기로 한 날 비가 많이 왔는데 한 시간이 넘도록 나타나지 않았다. 또 퇴짜를 맞았다고 생각했다. 그런데 30분이 더 지나서 병원 로비로 한 사람이 들어왔다. 바로 지금의 노국일 부원장이었다. 강릉에서 오는데 비가 많이 와서 길을 잘못 드는 바람에 많이 늦었다고 했다. 우리의 운명적인 만남은 그렇게 이루어졌다.

면접을 보는데 나랑 세 살 차이였고 왠지 모르게 사람이 순박해 보이고 첫인상이 좋았다. 그가 나에게 처음 질문한 것은 "월급 제때 나오나요?"였다. 당연한 이야기를 왜 묻는가 싶어서 물어보니 지금 강릉에서 다니는 병원이 월급이 몇 달째 밀려서 생활이 어렵다고 했다. 필요하다면 출근하는 날 월급을 선불로 주겠다고 약속했다. 내가 출근은 언제 할 수 있느냐고 묻자 자기가 떠나면 강릉에 있는 병원이 운영되지 않는다고 걱정을 했다.

참 의아했다. '본인 월급도 못 받는다면서 남의 병원 사정을 걱정하는 의사라……' 의사로서는 희한하고 보기 드문 분이었다. 그런 생각을 하는 그분이 맘에 들었다. 그분이 돌아갈 때도 비가 억수같이 내렸다. 가는 길 조심하라고 배웅을 하고 병원으로 돌아왔다. 저녁에 퇴근하는데 비가 그칠 줄을 모르고 계속 내렸다. 문득 빗길에 세 시간 넘는 강릉까지 잘 갔나 걱정이 되어 문자 한 통을 남겼다. "비가 많이 오는데 잘 도착하셨나요?"

그 문자 한 통이 부원장과 나를 평생 함께할 동반자로 연결해줄 줄은 꿈에도 몰랐다. 나중에 우리 병원으로 옮긴 후에 들으니 우리 병원에 오고 싶었지만 강릉 직원들과 사람들이 눈에 밟혀서 이직을 포기하려고 했다고 한다. 그런데 저녁에 내가 보낸 문자 한 통을 받고 이렇게 사람을 존중하는 병원이면 평생직장이 되겠다고 마음을 바꿨다고 한다.

노국일 부원장이 온 뒤로 병원이 빠르게 안정됐다. 나는 의사가 아니어서 진료 부분은 내 맘대로 하지 못하는 것들이 많았다. 부원장이 오면서부터 나를 대신해서 환자들을 위한 진료가 이루어졌다. 이분이 바로 반식물인간 상태인 할머니를 3개월 만에 젓가락으로 콩 고르기까지 가능하게 만든 주역이다.

언젠가 그가 내게 했던 말이 잊혀지지 않는다. "의사가 한 번 움직이면 직원 열 명이 편합니다." 참 의외였다. 우리나라의 병원 시스템이란 모든 것이 의사에게 맞춰져 있다. 그런데 이분은 정말 다른 분이었다.

병원의 이익보다 고객과 직원의 이익을 우선한다

어느 날 저녁에 소주를 한잔하면서 알게 됐다. 고등학생 때는 천재 소리를 들었고 의대생 때는 학생운동을 하다가 여러 번 유급을 맞기도 했단다. 생각과 사상이 진보적이었던 이분이 그날 내게 당부한 말이 있다. "병원에서 제일 처우가 낮고 힘들게 일하는 사람들이 좋은 대접을 받았으면 좋겠습니다." 간병사를 포함해서 병원에서 면허증 없이 일하는 모든 사람을 일컬어 한 말이었다.

보통 사람들은 자기 살길만 걱정하는데 이분은 어려운 사람들을 먼저 생각했다. 존엄케어를 할 때나 감사·나눔 경영을 할 때나 다른 간부들은 반대해도 부원장은 항상 내 편이 되어준다. 내가 해왔던 모든 일이 병원의 이익보다는 고객과 직원의 이익을 우선하는 일이기 때문일 것이다.

노국일 부원장 덕분에 우리 병원의 존엄케어와 감사·나눔은 뿌리를 내릴 수 있었다. 이후 우리 병원 의사의 면접, 채용, 처우 등 진료에 관한 모든 일은 부원장이 의사결정권을 가지고 있다. 의사 구인 공고를 낼 때도 "본인은 월급의사로서 근무하는데 이 병원만큼 좋은 병원은 없습니다."라고 할 정도로 우리 병원에 대한 만족감이 높다. 병원에서 다른 의사들이 안 하려고 하는 일이나 휴일근무도 솔선수범해서 처리한다. 내가 미안해서 말하기 곤란한 일도 알아서 다 처리해왔다. 직원들 중 간병사, 간호조무사 등 항상 약자 편을 들어주고 이익을 대변해주는 사람이다.

우리 병원 역사에서 노국일 부원장을 빼놓고 말할 수 있는 것은 거의 없다고 해도 과언이 아니다.

눈을 뜨면 가고 싶어 가슴 뛰는 곳을 만들자

　내가 감사·나눔 활동을 통한 가치경영을 하기 전부터 만들고 싶었던 일터 모델이 있었다.

　나도 직장생활을 할 때는 일요일 저녁만 되면 내일 일해야 한다는 것에 부담을 느끼곤 했다. 예전에 다른 병원에서 근무했다가 그만둔 친구가 있다. 그는 출근할 때 병원 건물만 봐도 가슴이 답답해진다는 이야기를 했다. 그곳은 상명하복 문화가 강한 곳이었다. 소위 말해서 위에서 까라면 까야 하는 군대적인 문화였고 직원들의 자율성이나 창의적 사고는 존중되지 않는 곳이었다. 그 친구는 나와 만날 때마다 병원에 다니기 싫다고 말했다.

출근이 설레는 행복한 일터를 만들고 싶다

그때 나는 결심했다. 내가 경영자가 되면 직원들이 아침에 눈을 떴을 때 빨리 가고 싶어 설레는 직장을 만들겠다고. 최근에 사회적 반향을 일으키고 있는 '행복한 일터' 개념과 같았다.

내가 이해하는 행복한 일터란 단순히 급여가 많거나 근무조건이 좋은 직장을 뜻하는 것이 아니다. 힘든 일이 있어도 동료들과 으쌰으쌰 서로 격려하고 좋은 일이 있으면 함께 나누는 직장, 말 그대로 가족 같은 분위기의 직장을 말하는 것이다. 행복한 일터를 만들기 위해서 간부들이 직원들 위에 군림하는 것이 아니라 솔선수범하는 리더십으로 부하직원들을 이끌어야 한다. 부하직원들은 상사들을 존경하고 믿고 따르는 팔로워십이 있어야 한다. 고객 우선의 가치를 실천하려면 직원이 행복해야 한다. 고객이 행복하고 직원이 행복하면 경영자인 나도 행복할 수 있다고 생각한다. 그런 꿈의 직장을 만들고 싶었다.

우리 병원에서는 매주 월요일에 확대간부회의가 열린다. 평직원들도 부서마다 한 명씩 돌아가면서 이 회의에 참석하도록 했다. 간부회의에서는 병원에서 추진 중인 핵심 사업과 중단기 계획에 대한 간부들의 의견을 들을 수 있다. 무엇보다도 CEO의 이념과 철학을 직접 들을 수 있는 자리다. 평직원들이 간부회의에 참석하면 병원 돌아가는 사정을 공유할 수 있다.

이런 이유로 평직원이 간부회의에 참석하도록 자리를 마련한 것이었다. 이 자리에 참석한 직원들은 내가 직접 이름을 부르면서 소감을 이야기하도록 유도한다. 직원들 이름을 기억하는 건 식당 조리원에 이르기까지 예외가 없기 때문에 모두들 내가 자신의 이름을 알고 있다는 것에 깜짝 놀라고 고마워했다. 감사 카페에 댓글을 달면서 직원들 이름을 다 외운 덕분이다.

이름을 기억하고 불러주는 것만으로도 작은 소통이 시작된다. 게다가 독서토론회를 진행하다 보면 직원들의 경험을 들을 때가 있는데 이때도 신입직원이든 간병사든 예외 없이 내가 이름을 불러주면 고마워하곤 했다.

칭찬 게시판과 감사·나눔 펀드를 만들다

사실 이름을 부른다는 것은 아주 작은 관심일 뿐이다. 하지만 간병사들은 이름을 불러주어서 고맙다고 인사하는 것은 물론 이 병원은 뭐가 달라도 다르다고 말하며 고마워한다. 존엄케어도 감사·나눔 경영도 작은 관심에서 시작된다고 할 수 있다.

감사·나눔을 실천하면서 허남석 포스코ICT 사장의 출판기념회에 우연히 참석하게 됐다. 허남석 사장은 우리나라 굴지의 대기업 포스코에서 샐러리맨 출신으로 CEO까지 지낸 분이시다. 또 감사 경영을 도입해서 적자를 흑자로 전환하고 감사·나눔 경영으로 기업성과를 내기도 하셨다. 나는 이분이 쓰신 『행복한 리더가 행복한 일터를 만든다』라는 책을 구입해서 몇 번이고 읽었다. 내가 꿈꾸던 행복한 일터에 관한 내용이 많아 우리 병원에 이것을 어떻게 접목할 수 있을지 고민했다. 그래서 허남석 사장을 직접 찾아가서 감사·나눔 경영을 하면서 잘 안 되고 힘들었던 점에 대해 물어보고 많은 말씀을 들었다.

나는 포스코가 실시했던 감사·나눔 경영 방법 중에 우리 병원 문화에 적용하기 쉬운 것을 찾았다. 그게 바로 칭찬게시판과 감사·나눔 펀드였다.

잘하는 것을 칭찬하는 문화가 필요하다

　사람들은 칭찬에 인색한 편이다. 감사·나눔 경영을 도입하기 전에는 우리 병원에서도 직원들끼리 잘하는 것을 잘한다고 말하는 문화가 부족했다.

칭찬게시판이 아름다운 사연으로 가득 채워졌다

　우리 병원의 한 간병사는 본인 일이 아니어도 누가 보든 안 보든 병실 바닥을 세제를 써가면서 깨끗하게 닦는다. 이분이 병실 바닥을 닦는 일은 누가 봐도 칭찬받아 마땅한 일이었다. 하지만 동료들 눈에는 그리 곱게만 보이지 않았던 것도 사실이다. '도대체 누구한테 잘 보이

려고 하는 거냐.'라는 고까운 시선으로 쳐다보았던 것이다. 그들 눈에
는 이기적인 사람으로 비쳤을지도 모를 일이다. 칭찬은커녕 혼자 잘
난 체한다고 빈정거리는 분위기였다.

나는 이 분위기를 바꿔야 한다고 생각했다. 우리 의료재단의 다음
카페에 포스코에서 실시했던 칭찬게시판을 만들고 남모르게 선행하
는 사람이 있으면 직원들이 사진으로 찍고 올릴 수 있게 했다.

3만 원짜리 상품권으로 포상도 내걸었다. 물론 경품으로 건 3만 원
을 받는다고 큰 부자가 되는 것도 아니고 살림살이가 나아지는 것도
아니다. 이 상품권을 받기 위해 일부러 선행하는 직원도 없다. 그렇
지만 경품으로 받은 상품권을 대부분 동료들과 치킨, 피자 등을 같이
사먹고 동료애를 나누는 데 쓴다고 하니 효과는 만점이었다.

"잘한다!" 표현하는 긍정의 문화가 퍼져갔다

칭찬게시판이 활성화되자 드러나지 않는 곳에서 남모르게 선행
하는 직원들의 아름다운 사연으로 게시판이 가득 채워졌다. 보기만
해도 마음이 훈훈해지는 사연이 많다. 그중 몇 가지를 소개하겠다.

환자가 식사를 잘하지 못하자 간호사가 집에서 호박죽을 직접 쑤
어와서 먹여드린 사연이 있다.

임종이 얼마 안 남은 환자가 있었는데 보호자가 꼭 임종을 볼 수

있게 해달라고 부탁했다. 김일곤 신경과진료과장이 직접 앰뷸런스를 타고 환자를 병원에서 한 시간 떨어진 상주의 보호자 집으로 모셔갔다. 대개는 앰뷸런스에 간호사가 탑승하는 게 관례인데도 말이다. 중간에 위험한 상황이 생겨 다른 병원에 들러 산소통을 교체해가면서 보호자의 부탁을 들어주기 위해 최선을 다했다.

수간호사는 조선족 간병사들이 좋아할 만한 명절 선물로 전병을 준비하기로 했다. 그분들이 좋아할 만한 전병을 구입하기 위해 일주일 동안 인터넷을 온통 뒤져서 중국 전병을 구입해서 드렸다.

칭찬게시판을 통해서 남모르게 선행하는 직원들이 있다는 사실이 알려지자 과거처럼 칭찬받을 일을 하면서도 다른 사람 눈치를 봐야 하는 웃지 못할 일이 사라졌다. 잘하는 것은 당연히 "잘한다!"라고 표현하는 긍정의 문화가 점점 퍼졌다. 칭찬게시판이 감사·나눔 경영의 확실한 토대가 되어주는 것을 느낄 수 있었다.

병원 안에서의 감사가 밖으로 퍼지다

포스코에서 사회공헌활동으로 하고 있는 감사·나눔 펀드인 매칭 펀드를 우리 병원에도 적용해보기로 했다. 포스코 직원들은 급여에서 1%를 일괄적으로 떼어서 감사 기부 펀드를 조성한다고 한다. 기업도 직원들이 낸 돈만큼 기부금을 내어 봉사활동을 해오고 있었다.

우리 병원은 직원들이 존엄케어를 통해 직업적인 나눔을 해오고 있었다. 하지만 지역사회에 대한 봉사활동이나 나눔활동은 전무한 상태였다. 우리 병원은 포스코 같은 대기업만큼 급여가 많지 않았기 때문에 직원 급여에서 1%를 일괄적으로 뗄 수가 없었다. 그래서 우리 실정에 맞게 수정해서 적용했다. 직원들이 급여 1% 내에서 자발적으로 기부금을 내기로 했다. 천 원, 오천 원, 만 원 등 자율적으로 모은 금액을 '내부 감사 펀드'라고 이름했다.

병원은 직원들이 모은 금액만큼 기부금을 내 '외부 감사 펀드'를 조성했다. 예를 들어 직원들이 한 달간 모은 돈이 105만 원이면 병원도 105만 원을 내 감사 펀드를 조성하는 방식이다.

내부 감사 펀드, 즉 직원들이 낸 돈은 병원 내부의 어려운 환자들을 돕는 데 사용하고 있다. 사실 병원에는 어려운 환자들이 많다. 특히 독거노인이거나 보호자가 있는데 찾아오지 않는 분들이 대상이된다. 보호자가 없거나 한 번도 찾아오지 않는 환자들은 옆에 있는 환자가 보호자가 사온 간식거리를 먹는 것을 보면 군침만 흘리고 있어야 한다. 그걸 보면서 안타까워하곤 했는데 내부 감사 펀드가 조성되니 이런 분들의 간식이나 속옷을 마련해주는 비용으로 쓸 수 있었다. 내부 감사 펀드의 대상이 되는 환자 선택과 집행 결정사항은 평직원들로 구성된 감사·나눔위원회에서 결정한다.

외부 감사 펀드는 우리 병원이 있는 예천과 안동 지역의 어려운 가정을 도와주는 데 쓰이고 있다. 정부나 사회복지단체에서 미처 도움을 주지 못하고 있는, 사각지대에 있는 분들이 의외로 많다.

외부 감사 펀드 1호, 레티오간 씨 가족

우리 병원의 외부 감사 펀드 1호 대상은 베트남에서 온 레티오간 씨 가족이었다.

　외부 감사 펀드를 만들고 일주일이 지났을 때였다. 주말에 감기 기운이 있어 집에서 쉬고 있는데 TV에서 「동행」이라는 프로그램이 방송되고 있었다. 어렵게 사는 이웃들을 소개하고 시청자들이 도움을 주는 프로그램이었다. 순간 내 시선을 잡아끄는 장면이 있었다.

　사연의 주인공은 김천의 한 요양병원 식당에서 근무했는데 그래서 더욱 관심이 갔다. 10년 전 스무 살의 나이에 베트남에서 시집을 온 주인공은 두 아이를 낳았다. 둘째를 낳았을 때 친정에 다녀오라는 남편 이야기를 듣고 애들을 데리고 베트남에 다녀왔다. 그 사이 남편은 가출신고를 했고 그녀를 무국적자로 만들어버렸다. 아무런 이유도 알 수 없었고 통보조차 없었다. 그때부터 주인공은 언어도 잘 통하지 않는 이 땅에서 여자 혼자 몸으로 한국 국적을 가진 아이 둘을 키우고 있다는 애틋한 사연이었다.

　주인공 가족은 살 집이 없어서 난방도 되지 않는 버려진 집에 살고 있었다. 난방이 되지 않으니 애들을 재울 때는 옷을 두껍게 입혀서 재웠다. 나중에 내가 직접 그 집에 가서 보니 1970년대 내가 어릴 적에 어머니가 물을 직접 데워서 목욕시키던 기억이 났다. 40년이 지난 지금도 이렇게 사는 사람들이 있다는 것에 마음이 아팠다. 그런데 그 버려진 집마저도 집 주인이 팔겠다고 해서 비워주어야 하는 딱한 상황이었다.

그때 나는 레티오간 씨 가족을 우리 병원의 외부 감사 펀드 1호 가족으로 받아들이겠다고 결심했다. 월요일에 출근해서 직원들과 상의했고 감사·나눔위원회에서도 적극 찬성했다. 나는 레티오간 씨를 우리 병원 식당에 취업시키고 가족이 살 아파트를 외부 감사 펀드에서 지원하고 다문화센터를 통해 아이들 교육을 시킨다는 계획을 세우고 준비를 마쳤다.

그런데 레티오간 씨가 김천 지역을 떠나기 싫어했다. 김천에서 자신을 돌봐주는 대모 같은 역할을 하는 분이 있었기 때문이다. 우리는 도움의 방향을 바꿔 아이들이 다니는 어린이집 앞에 있는 상가건물의 방이 세 개인 집을 월세로 임대해서 제공했다. 임대료는 외부 감사 펀드에서 부담했고 월세 지원 기간은 2015년 당시 열 살과 여덟 살이었던 아이들이 성장해서 성인이 되어 스스로 살아갈 수 있는 능력을 갖출 때까지로 했다.

1회성 이벤트는 지양했다. 지속적인 관심과 도움으로 대한민국에서 다문화가정 아이들이 잘 자라서 당당하게 대한민국의 젊은이로 커주길 바라는 것이 감사·나눔 펀드의 목적이었다.

따뜻한 물도 제대로 못 쓰고 애들 공부방도 없는 곳에서 살다가 병원에서 인테리어를 해서 제공한 집으로 입주할 때 레티오간 씨 가족은 감격의 눈물을 흘렸다. 우리 병원 직원들은 감사카드를 써서 세 가족에게 전달했다. 레티오간 씨는 감격의 눈물로 연신 고맙다고 인사를 계속했다. 우리 병원 행사에 와서도 직원들에게 "아이들 데리고 열심히 잘 살겠습니다."라고 고마운 인사를 전했다.

그리고 얼마 뒤 레티오간 씨가 우리 가족을 김천에 초대했다. 우리 아이들과 레티오간 씨 아이들은 금방 친해졌고 한 가족같이 즐거운 시간을 보내고 왔다. 갖가지 베트남 음식을 먹었다. 레티오간 씨는 텃밭에서 기른 고추와 야채를 한 아름 싸주었다. 마치 어릴 때 외갓집에 가면 외할머니가 과일이며 야채를 잔뜩 안겨주듯이 말이다.

우리 병원 직원들의 감사 펀드로 레티오간 씨 가정이 새로운 보금자리와 안정된 생활을 찾게 돼 정말 가슴이 뿌듯하다. 그로부터 10년 동안 월세를 지원했고 큰아이가 대학에 입학했다. 두 아이가 졸업하여 경제적으로 자립한다면 레티오간 씨 가정은 감사·나눔 펀드에서 독립할 것이다.

뇌성마비 승태와 지체장애 종하, 종민 형제

예천군 풍양면에 사는 승태는 태어날 때부터 뇌성마비였다. 승태는 다섯 살이 되었는데도 서지를 못했다. 승태 엄마는 매번 다 큰 아이를 들쳐 업고 우리 병원에 치료를 받으러 오곤 했다. 승태는 성장하면서 척추가 휘어질 수 있는 상태였다. 이것을 방지하려면 특수 휠체어가 필요했다. 하지만 기초생활수급자 가정에서 400만 원이나 하는 특수 휠체어를 구입하기란 거의 불가능한 일이었다.

예천 경도요양병원 외부 감사 펀드로 승태의 특수 휠체어를 제작해주기로 했다. 3년 뒤에 아이가 성장하면 다시 제작해주는 것도 책임지기로 했다. 외부 감사 펀드는 1회성 이벤트가 아니라 꾸준한 관심을 갖고 지원하면서 그 가정이 절망에서 벗어나 다시 희망을 가지게 하는 것이 목적이기 때문이다.

안동에 지체장애를 가진 종하, 종민 형제의 사연도 있다. 지적 장애를 가진 두 아이의 아버지는 알콜중독 환자였고 어머니도 지적장애여서 말 그대로 장애인 가족이었다. 우리 병원에 소아치료를 받으러 오는 장애인부모회에서 외부 감사 펀드에 대해서 듣고 도움을 주었으면 좋겠다고 청해왔다.

두 아이는 다 쓰러져가는 집에서 살고 있었고 사회재활훈련도 되지 않은 상태였다. 먼저 외부 감사 펀드로 두 아이의 일상생활이 편안하도록 집을 깨끗하게 수리했다. 그리고 우리 병원 영양사가 일주일에 한 번씩 들러 밑반찬과 음식을 냉장고에 채워주고 있다.

처음에는 말도 잘하지 않고 눈도 못 마주치던 아이들이 1년이 지난 지금은 우리 직원들에게 감사편지도 쓰고 장애인 직업재활센터에 취직해서 경제활동도 한다.

상주 노예 광길 씨

광길 씨는 '상주 노예'로 2016년 초 KBS「9시 뉴스」에 여러 번 보도됐다. 10년 넘게 농가에서 갖은 노동을 하면서 식사도 제대로 하지 못하고 임금도 제대로 못 받은 안타까운 사연의 주인공이다.

어느 날 KBS 대구방송국 기자에게서 전화가 왔다. 광길 씨가 딱한 사연이고 돌봐줄 곳도 없는데 우리 병원의 감사 펀드로 도와줄 수 없겠냐고 물어온 것이다. 만나보니 딱했다. 일가족도 없었고 돌봐줄 사람도 없었고 무엇보다 척추 건강이 좋지 않아서 당장 수술해야 하는 지경이었다. 해당 지자체에서는 사회적으로 이슈가 된 사건이어서 장애인 시설에 보낼 계획이라고 했다. 만약 장애인 시설에 간다면 고된 노동은 안 해도 되고 편하게 살 수 있겠지만 정당하게 일하고 임금을 받는 정상인의 삶은 포기해야 한다.

감사·나눔위원회에서는 우리 병원 1인실을 숙소로 내주고 재활 환자들을 물리치료실로 옮겨주는 일을 하면서 정상 임금을 받고 생활하도록 돕는 것이 좋겠다는 결정을 했다. 이렇게 해서 광길 씨가 제4호 감사·나눔 가족이 됐다.

사회적 나눔이 직원의 자존감을 높인다

처음에 지역의 어려운 이웃을 돕자는 취지로 시작한 감사·나눔 펀드로 우리 직원들의 마인드가 달라졌다. 특히 간병사들의 태도가 달라졌다. 예전에는 먹고살기 위해 일했다면 지금은 존엄케어를 통해서 자신의 직업이 환자들에게 새로운 희망과 용기를 준다는 것을 알게 됐다.

또한 비록 천 원, 오천 원, 만 원일지라도 자신들이 조성한 감사 펀드가 절망에 빠진 이웃들에게 희망의 디딤돌이 된다는 것도 깨달았다. 사회적 나눔을 체험하면서 직원들의 자존감과 긍정 마인드가 급상승했다.

이제는 존엄케어가 하기 힘들고 괴로운 일이 아니라 노인병원에 종사하는 사람으로서 당연한 본분이라고 받아들이게 된 것이다. 우리 병원의 트레이드 마크인 '감사'라는 긍정성 위에 존엄케어가 꽃을 피운 것이다. 존엄케어에 감사·나눔 활동을 더해서 진정성 있고 업그레이드된 존엄케어로 거듭났으니 이것을 '감사케어'라고 부르자는 의견도 있다.

감사·나눔 활동을 통한 가치경영이 확산한 뒤 우리 병원에서 개인적인 사유로 퇴사하는 직원은 있어도 존엄케어가 힘들어서 퇴사하는 직원은 없어졌다. 과거에는 우리 직원들이 요양병원에 다닌다는 사실을 부끄럽게 생각하는 경향이 있었다. 지금은 존엄케어를 하는 요양병원에서 근무한다는 자부심으로 가득하다. 우리 사회는 아직도 요양병원은 나쁜 병원이라는 인식이 지배적으로 퍼져 있다. 하지만 우리 직원들은 사람들에게 존엄케어와 감사·나눔 활동을 자랑스럽게 설명하고 감사 펀드로 사회적인 나눔을 한다는 사실에 자부심을 느낀다.

존엄케어는 계속 진화한다

감사 펀드가 조성되고 나눔활동이 활성화된 이후로 직원들의 긍정 마인드가 급상승하자 전에는 상상도 못했던 일이 일어나고 있다. 직원들에 의해 존엄케어가 진화하고 있으니 나는 행복한 경영자라고 힘주어 말할 수 있다.

어느 날 치매병동에 들어갔는데 밥 냄새가 났다. 알고 보니 간호사들이 밥솥을 병동에 가져다 놓고서 숭늉을 끓이고 있었다. 어르신들은 대부분 물을 잘 안 드신다. 그런 습관이 계속되면 탈수 현상이 오고 약을 써도 잘 듣지 않는 상태가 된다. 그것을 예방하기 위해 직원들이 생각해낸 아이디어였다.

어르신들은 물은 마시지 않아도 숭늉은 잘 드셨다. 게다가 식사를 잘하지 않던 환자도 숭늉 끓이는 냄새를 맡고는 식감이 자극되어 식사를 잘하게 되는 일거양득의 효과도 있었다.

또 다른 사례도 있다. 집중치료실에 의식 없이 누워만 있는 중증 외상환자들은 보통 침상목욕을 시킨다. 침상목욕이란 침상에서 알코올 솜이나 물수건으로 몸을 닦는 것을 말한다. 우리나라 병원은 중환자를 대부분 이렇게 환자 관리를 해왔다고 보면 된다. 중환자실에 가면 특유의 불쾌한 냄새가 나는 이유가 여기에 있다.

그런데 감사 펀드 실시 이후에 칭찬게시판에 한 사연이 올라왔다. 한 간호사가 인공호흡기를 달고 있는 환자를 목욕시키기 위해 엠부(수동식 인공호흡기)를 짜면서 목욕실에서 목욕을 시켰다는 이야기였다. 아마도 국내에서는 유일한 사례일 것이다.

나 역시도 깜짝 놀랐는데 이 사례를 서울아산병원에서 강의할 때 소개했다. 서울아산병원 간호사들도 놀라움을 금치 못했다. 다들

"저렇게도 할 수 있구나!" 하고 감탄했다고 한다. 경영자로서 굳이 시키지 않아도 존엄케어를 실천하기 위해 스스로 아이디어를 내고 노력하는 직원들이 자랑스러웠다.

환자도 직원도 행복한 일터를 만들다

이런 사례들로 인해 우리 병원이 다른 병원에 비해 존엄케어는 늦게 시작했지만 진정성만큼은 그 어느 병원에도 뒤지지 않는다고 자신있게 말할 수 있다. 존엄케어, 감사·나눔, 직원 복리후생제도를 약속하고 실천하면서 많은 비용을 지출했고 병원 수익은 많이 줄었다. 하지만 이렇게 긍정 마인드를 가진 직원들과 함께 일할 수 있다는 것에 경영자로서 행복하다. 지금까지 성공해온 크고 작은 그 어떤 일에서도 느껴보지 못한 행복감이다.

앞으로도 나의 목표는 존엄케어를 통해서 환자들에게 좋은 서비스와 환경을 제공하고 고생하는 직원들 복리후생을 챙겨 환자도 행복하고 직원도 행복한 일터를 만들어가는 것이다. 또한 감사·나눔 펀드를 통해 지역사회의 어려운 이웃들을 도와주면서 진정으로 행복한 성공을 느끼며 살아가고 싶다.

나는 직원들의 진정성 있는 존엄케어와 긍정을 기반으로 한 감사·나눔을 잘 실천한 공로로 요양병원 관계자로서는 최초로 2015년 대한

민국 신지식인에 선정됐다. 2016년에는 '소비자의 선택' 시상식에서 의료 부문 대상을 받았다. 이것은 내가 뛰어난 경영자여서가 아니었다. 모두 직원의 노력과 희생이 만들어낸 결과였다. 그러니 나는 행복한 경영자다. 내가 목표로 하는 행복한 일터 만들기에 한 걸음씩 다가가고 있다.

4장

어렵고 힘든 곳이 바로 기회의 땅이다

"남들이 안 된다, 어렵다,
힘들다 하면 그곳에 기회가 있다!"

철저한 준비 없이 이루어지는 일은 없다

부채 100억 원의 경영자가 되다

예천에 신축한 경도요양병원이 경영 안정화가 되고 부채를 다 갚았을 때쯤 2008년 안동에 600병상 규모의 정신병원인 ○○병원이 부도가 났다. 예천에 병원을 개원한 뒤 2년 만에 안정을 찾자 고향인 안동에서 병원을 운영하고 싶은 마음이 커졌다. 일찍부터 안동에 진출하고 싶은 마음이 있어 방법을 모색하고 있었는데 기회가 왔다고 생각했다. 경매로 나온 병원을 인수하기로 마음먹었다.

경매에서 우리가 유리했던 것은 예천 경도요양병원의 수입구조가 경매 이후에 원금과 이자를 갚을 정도의 신용이 담보되어 있었다는 것이다. 보통 경매 물건은 제로에서 시작하는데 이미 이자와 원금까지 해결할 정도의 수익구조였으니 금융권에서도 대출을 해줄 때 부담이 없었을 것이다. 앞서 시중은행의 생리를 경험한 적이 있어서 미리 시중은행의 대출 의사를 타진해보았다. 낙찰 전에는 경매 낙찰가의 90%, 80%를 대출해주겠다는 제1금융권 시중은행 지점장들이 많았다. 그러나 낙찰가의 70%를 대출해주겠다는 은행을 선택하고 자금을 준비했다.

아니나 다를까. 입찰이 시작되자 자금을 준비하는 한 달 동안 80%, 90%를 제시했던 시중은행들은 대출을 못 하겠다고 포기를 선언했다. 70%를 제시했던 ○○은행만 대출해주겠다고 나섰다. 예상했던 일이고 제일 낮은 대출 비율에 맞춰 자금을 준비해왔기 때문에 무리는 없었다. 당시 감정가 120억 원의 안동 복주병원 두 건물을 92억 원에 경매로 인수하면서 농협 대출 68억 원에 자부담 24억 원으로 비용을 지불했다.

이로써 나는 당시 나이 38세에 지역에서 유일하게 부채 100억 원인 경영자가 됐다. 경매가 진행되고 마무리되는 법적 절차에 대해 공부를 많이 했다. 특히 예상 밖의 일들에 대응하는 소중한 경험을 했다. 이때 우리가 인수한 것은 병원 건물만이었다. 침대, 가구, 물품 등 '유채동산' 품목에 포함되는 병원 집기는 경매에 포함되지 않았다. 병원 건물을 경매로 낙찰받은 뒤 유채동산은 별도 경매로 인수해야 했다.

유채동산 채권자들인 조폭과 사채업에 관련된 사람들이 병원에 몰려와 병원 운영에 갖은 방해를 하고 공갈 협박을 했다. 참 별의별 일을 다 겪었다. 이때 노만택 본부장이 여러 사람과 상대하면서 고생이 많았다.

유채동산 경매 당일 날 우리가 사용하고 있는 유채동산을 매입하기 위해 현금을 들고 참석했다. 사채업자들이 경매를 보기 위해 몰려와 전쟁터를 방불케 했다. 고난의 순간이었다고 할 수도 있지만 나중에 법원 조정으로 다 인수하고 잘 마무리했다. 경매와 관련한 여러 가지 경험을 공부라 생각하고 있다.

위험 부담이 있었지만 승부를 걸었다

복주병원 경매 날이 다가오고 있을 때였다. 병원 건물이 두 개여서 경매가 따로 진행됐다. 한 건물은 2차, 또 한 건물은 1차 경매를 앞두고 있었다. 문제는 여기에 있었다.

경매는 3차에 낙찰받는 것이 거의 정석이었던 시절이다. 나는 한 건물은 3차보다는 안정적으로 2차에서 낙찰받아야겠다고 남몰래 결심하고 있었다. 문제는 다른 건물이었다. 경쟁 병원에서 이 건물을 낙찰받기 위해 기회를 보고 있었다. 내가 한 건물을 경매로 인수해도 바로 붙어 있다시피 한 다른 건물을 경쟁자가 인수해버리면 낭패가 되는 상황이었다.

게다가 내가 한 건물을 먼저 2차에서 경매로 인수해버리면 다음 달에 진행되는 또 다른 건물에도 내가 2차에 입찰할 것이라는 사실을 경쟁 병원에 알려주는 것과도 같았다. 고민하고 또 고민했다. 만약 바로 붙어 있는 다른 건물을 경매에 실패해서 경쟁 병원이 인수한다면 10미터를 사이에 두고 경쟁해야 한다. 생각만 해도 끔찍한 일이었다.

고민 끝에 당시로서는 정말 말도 안 되는 결정을 했다. 나머지 건물을 1차에 낙찰받기로 한 것이다. 한 건물은 2차에, 다른 건물은 1차에, 즉 동시에 낙찰받겠다고 결심한 것이다. 만약 1차에 낙찰받으면 약 12억 원 정도를 더 부담해야 했지만 감당 못할 정도는 아니라고 생각했다. 이때 무엇보다 신경써야 할 것은 철저한 보안이었다. 모든 생각과 판단은 내 머릿속에서만 이루어졌다.

경매가 진행되는 운명의 날 아침 8시에 기업은행 후문으로 들어가서 내가 정한 경매 낙찰금액의 10%를 현금으로 준비하기 위해 수표 두 장을 받아들었다. 아마 많은 사람이 8시부터 은행 직원들이 출근한다는 사실을 잘 모를 것이다. 나는 은행 업무를 오래해 왔기 때문에 이 사실을 잘 알았다.

수표를 준비한 뒤에 당시 안동 사회에서는 얼굴이 알려지지 않았던 행정계장을 법원 앞 법무사 사무실에 대기시켜 놓고 모든 서류를 준비했다. 경매가 종료되는 시간인 11시 10분 전인 10시 50분에 접수하라고 그에게 지시하고 나는 9시에 병원으로 정상 출근을 했다.

아침부터 나의 행보에 관심을 가지는 사람이 많았다. 우리 직원 중에는 경쟁 쪽 사람도 있었다. 그중 한 사람이 내 방 문을 열고 들어왔다. 오늘 경매하는 날인데 입찰을 안 하냐는 거였다. 나는 경매는 3차에 볼 예정이라고 연막을 피워놓고 경매가 종료될 때까지 병원에서 한 발짝도 움직이지 않았다. 10시 50분 경매 종료 직전 대기하던 행정계장이 경매 서류를 접수했다.

자정에 두 개 물건 중 하나는 2차, 하나는 1차에 총 92억 원으로 단독입찰 발표가 났다. 경쟁자 쪽은 뒤통수를 맞았다는 이야기도 했다고 한다. 12억 원가량을 더 부담하면서까지 1차에 낙찰받으려는 생각을 보통의 경우라면 하지 않을 것이기 때문이다.

혹자는 마쳤다고도 했다. 경매로 부동산 물건을 사는 것은 싸게 사기 위함인데 그걸 제값 주고 사는 바보가 어딨냐는 것이다. 하지만 내가 한 개 물건을 2차에 입찰하면 다른 물건도 2차에서 입찰할 것임을 드러내는 셈이었기 때문에 나로서는 낙찰받지 못할 위험을 없애버린 것이다.

그런데 내가 경매 잔금을 내지 못할 거란 소문이 돌았다. 38세의 어린 이사장이 그만 한 돈을 준비할 수 없다고 판단한 것이다. 그러나 철저히 계산하고 미리 예비카드를 준비한 덕분에 잔금을 치르고 정상적으로 병원 건물 인수에 성공했다. 이 일을 두고 사람들이 상식을 뒤엎고 경매 1차에 입찰하여 12억 원을 더 베팅한 나를 승부사라고 불렀다.

경매 뒤에 2011년 안동버스터미널이 우리 병원 옆으로 이전하고 2016년 경북도청이 우리 병원 뒤편으로 이전했다. 또한 2019년에 KTX 역사가 병원 옆에 생겼다.

이때 내가 남들이 무리라고 할 정도로 1차에 입찰했던 일은 두고두고 사람들 사이에 신의 한 수로 회자되고 있다.

직원과 거래처의 이익이 나의 이익이다

경매 낙찰에 성공한 뒤 부도 나기 전에 임대 관계에 있던 장례식장의 정리 절차에 들어갔다. 장례용품을 파는 분과 장례식장에서 식당을 운영하는 분이 합해서 보증금 수억 원을 날린 상태였다. 안타까운 상황이었다. 하지만 우리도 많은 비용을 치러야 했기에 정리를 해야만 했다.

그런데 이분들이 새로 세입자가 들어올 때까지만 운영하면 안 되겠냐고 사정하는 바람에 하도 처지가 딱해서 그러라고 한 것이 문제가 생겼다. 어느 새 6개월이 지나가버린 것이다. 경매 낙찰이 되고 6개월 안에는 세입자의 강제집행이 가능하지만 6개월이 지나면 소송 절차를 밟아야 했다. 알고는 있었지만 사정이 딱한 이분들의 요구를 마냥 외면할 수는 없었다. 새로운 임대업자가 정해지면 순순히 나갈 거라는 기대를 했던 탓도 있다.

8개월 뒤 서안동농협과 임대계약을 체결했고 이분들에게 비워줄 것을 요청했다. 그런데 이때부터 이분들의 태도가 확 바뀌었다. 경매 낙찰 후 6개월이 지난 것을 알고 있으니 마음대로 하라고 버틴 것이다. 참 황당한 일이었다. 찾아가 사정을 이야기하고 비워줄 것을 요구했다. 그러자 이사비용을 요구했다. 입장이 바뀐 것이다.

법원과 검찰에 근무하는 선배들이 법적으로 절차를 밟아서 강제집행을 하는 게 맞다고 조언했다. 나 또한 그 방법밖에는 없다고 생각했지만 다시 한 번 그분들을 찾아갔다. 그분들 요구사항은 권리금 1,000만 원이었다. 통상적인 이사비용은 200만 원 정도였다. 나로서는 안 줘도 되는 돈이었지만 권리금으로 1,000만 원씩 총 2,000만 원을 지급하고 강제집행 없이 무난하게 마무리했다.

보증금을 몇억 원을 떼이고 나가야 하는 그분들 입장을 이해 못 할 바도 아니었다. 아직도 나는 이 일을 잘한 일이라고 생각한다. 당시 검찰과 법원에 있던 선배들은 내가 안 줘도 될 권리금까지 지급하면서 강제집행을 하지 않는 것을 두고 "젊은 사람이 잘 처리했다."라고 칭찬했다. 나 역시 돈이 아깝지 않은 것은 아니다. 하지만 지역사회에서는 어떤 식으로든 다시 만날 수 있기 때문에 내가 양보한 것이다.

몇 년 뒤 서울 가는 버스에서 그분을 우연히 만났다. 인사도 나누고 안부도 물었다. 만약 그때 강제집행을 했더라면 어색한 관계가 되었을 것이다. 이 일로 다시 한 번 돈보다는 사람을 봐야 한다는 사실을 새삼 깨달았다.

직원들과의 상생 리더십을 실천하다

나는 월급쟁이 출신이기 때문에 직원 입장에서 월급이 밀린다는 것이 어떤 건지 잘 안다. 한 달 돈 들어갈 일이 계획되어 있는데 하루라도 밀리면 여러 가지로 계획이 틀어진다. 우리 병원은 월급이 밀리지 않는다는 것만큼은 철칙으로 지킨다. 공휴일이 월급날일 때는 항상 전날 미리 지급한다. 대부분 업계에서는 이럴 때 공휴일이 지난 후 월급을 지급하는 것이 관행이다. 하지만 우리 병원에서는 공휴일과 월급날이 겹칠 때 전날 지급하는 것을 원칙으로 하고 있다. 작은 배려다.

학교를 졸업하고 병원에 취업한 예비간호사가 있었다. 간호사 국가고시 합격률은 95%가 넘기 때문에 떨어지리라고는 상상도 못했다. 그런데 그중 한 명이 국가고시에 떨어졌다. 집에다가 시험에 떨어졌다고 이야기할 형편도 되지 않았다. 월급을 주면서 간호 인력으로 쓸 수는 없어서 병원 기숙사에서 지내면서 병원의 다른 일을 할 수 있도록 도와줬다. 병원 입장에서는 손해였지만 나 몰라라 할 수만은 없었다. 간호조무사 학원 등록비를 지원하고 먼저 간호조무사 시험을 보도록 했다. 합격한 뒤에는 병원 직원으로 근무하면서 간호사 국가고시를 치를 수 있도록 했다. 운이 없는지 7번이나 시험에 떨어졌다. 그리고 8번 만에 국가고시에 합격해 간호사가 됐고 경남 지역으로 시집을 가면서 병원을 그만두었다.

"이 병원이 아니었다면 저는 간호사의 꿈을 포기했을 겁니다. 제일 어려울 때 거두어주시고 보살펴주시고 도와주셔서 고맙습니다." 그녀가 그만두기 전에 나를 찾아와 감사의 인사를 했다. 참 뿌듯했다. 같은 직장에서 함께 일하는 사람들은 말로만 가족이 아니라 진정 함께 가는 사람이라고 생각한다.

우리 병원에 근무하던 중견 간부가 있었다. 큰 병원에서 오래 근무했고 큰 프로젝트를 많이 해봤던 사람이다. 능력은 뛰어난데 우리 병원과 잘 맞지 않았다. 퇴직하기로 결정은 했는데 나이가 많아서인지 재취업하기기 쉽지 않았다. 나는 아는 선배에게 부탁해서 안정적인 수입이 보장된 일자리에 취직시킨 뒤 퇴직을 시켰다.

얼마 전에 그 간부를 마트에서 마주쳤다. 출장을 다녀오는 길이라면서 우리 병원 소식을 잘 듣고 있다며 덕담을 해주었다. 도움이 되지 않으면 그냥 내보내면 그만인 것을 뭘 그렇게 할 수 있는 역량을 모두 동원해서 일자리를 알아봐주냐고 할 수 있다. 하지만 우리 병원에서 나와 인연이 있던 사람들에게 나는 할 수 있는 한 모든 최선을 다하는 것이 즐겁다.

예천 경도요양병원에 근무하던 간호조무사 이야기도 있다. 교통사고를 냈는데 음주는 아니었지만 보험이 들어 있지 않아 다친 분이 고소를 해 구속됐다. 이분은 남편 없이 딸아이 둘과 어렵게 살아가고 있는 직원이었다.

엄마가 구속된 후에 이모가 아이들을 돌봐주었다. 문제는 대학에 입학하는 딸아이의 등록금이었다. 그때는 감사·나눔 경영을 선포하기 전이라서 감사 펀드도 없었던 시절이다. 딸아이 대학 등록금으로 500만 원을 지원해주었다. 누구든지 일어날 수 있는 절박한 사정이었기 때문이다.

이 일로 직원들은 '우리 병원은 참 다닐 만한 병원이다. 누구든지 큰 어려움을 당해도 병원에서 어떤 식으로든 울타리가 되어줄 것이다.'라는 작은 신뢰가 쌓인 것 같다. 구속된 지 6개월 만에 간호조무사는 석방됐고 복직했다.

자신이 꼭 지키고자 하는 가치가 있다면 더더욱 사람을 소중히 여겨야 한다고 생각한다. 우리 병원을 차별화된 곳으로 만들어주는 '존엄한 요양'이라는 가치를 지키기 위해서 직원 한 사람 한 사람을 소중히 하려고 한다. 존엄케어는 직원이 실천하는 것이기 때문이다.

거래처와의 상생 파트너십을 추구하다

안동 복주회복병원을 경매로 인수했을 때 병원 현황을 살펴보니 직원들만 월급이 밀린 것이 아니었다. 병원과 거래하는 제약회사 도매상들도 어려움이 많았다. 약품대금 10억 원을 떼인 곳도 있었다. 업계 관행을 보면 3개월 이상 외상을 깔고 가는 곳이 대부분이다. 하지만 우리 병원은 이때부터 어려운 도매상들에게 도움을 주기 위해 현금결제를 해오고 있다. '외상 없는 현금결제'는 이제 우리 병원의 트레이드마크와도 같다.

우리 병원과 인연이 있는 사람이라면 함께 가려는 노력은 거래 업체에도 적용된다. 어느 날 대도시의 거래업체가 우리 병원에 납품하기를 청하면서 견적서를 보내왔다. 비교해보니 병원에서 원래 거래하던 지역 거래업체와 대도시 거래업체의 납품단가가 차이가 있었다. 이럴 때 우리 병원은 싸다고 해서 무조건 대도시 거래업체로 옮겨가지 않는다. 다만 조금씩 양보해서 거래를 계속 유지하는 쪽을 선택한다. 예를 들어 지역 업체의 단가가 100원, 대도시 업체의 단가가 80원이라면 지역 거래업체와 협의해서 내가 10원 손해 보고 업체도 10원 손해 보는 걸로 해서 90원에 계속 거래를 유지하는 것으로 조정한다.

2014년 감사·나눔 경영을 선포한 뒤 2016년 우리 병원은 거래처 사장님들을 모시고 갑을 관계를 청산하는 상생협약서를 체결했다.

우선 명절 선물부터 받지 않기로 했고 병원 직원들에게 식사나 향응을 제공하는 것을 금지하고 있다. 병원 자체적으로 실행하는 김영란법인 셈이다. 편법과 향응으로 거래처를 확보하는 관행을 없애고 품질과 거래 조건을 따져서 좋은 거래 관계로 이어질 수 있도록 상생 기반을 만들고자 했던 것이다.

우리 직원들은 거래처 관계자와 식사할 일이 있으면 병원 구내식당을 이용한다. 혹시 밖에서 식사할 기회가 있어도 식사비용은 병원 측이 부담하고 있다.

어려운 일을 하는 것이 차별화 포인트다

"어려울 것이다." "망할 것이다."

내가 처음으로 개인 의원에서 병원 사업을 시작했을 때, K정형외과 운영을 맡았을 때, 예천 경도요양병원을 신축할 때, 안동 복주회복병원을 경매로 인수할 때 주위 사람들이 한 말이다.

그만큼 위험부담이 컸다는 이야기다. 하지만 리스크가 크면 그만큼 성공의 열매도 크다. 나는 남들이 어렵고 불가능하다는 일에 대해 오히려 노력하면 반드시 성공할 수 있다는 자신감을 키운다. 아마도 어릴 적 아버님의 모습을 보면서 굳어진 사고인 것 같다.

아버지는 농사를 지으셨는데 올해 고춧값이 오르면 다음 해에 고추 농사를 많이 지으셨고 어김없이 그해에는 고춧값이 폭락했다. 소도 마찬가지였다. 솟값이 오르면 소를 두세 마리 산다. 그리고 다음에 솟값이 폭락하면 헐값에 팔아버리곤 하셨다. 지금 생각해도 이해가 되지 않은 일이었다. 아마도 아버지는 학교 교육을 제대로 받지 못한 탓에 세상 물정엔 어두우셨던 것일지도 모른다. 아버지에게서 농사를 지어서 이득을 봤다는 말을 들어본 적이 거의 없다.

아버지가 번번이 농사로 수익을 올리는 데 실패하는 것을 보고 자라서 그런지 남들이 "된다"고 하는 것보다는 "어렵다"고 하는 것에 관심을 기울이곤 했다. 그것이 사업을 하면서도 계속 이어져온 것 같다.

차별화 전략으로 승부한다

무엇을 하든 성공할 수 있는 사람은 일에 대한 접근 방법이 다르다. 예를 들어 음식점을 연다고 했을 때 많은 사람이 신경 쓰는 것은 어떤 것일까. 입지와 함께 가장 많이 신경 쓰는 것이 인테리어라고 한다. 그런데 요새는 논바닥 옆에 자리잡은 중국집도 맛있다고 소문이 나면 손님들이 몰려든다. 안동 시가지에서 8킬로미터 떨어진 촌구석에 있는 중국집은 점심 때 예약을 안 하면 자리가 없어서 못 먹는다고 한다. SNS가 발달한 환경에서 입지는 더 이상 핸디캡도 아니라는 얘기다.

사정상 입지가 나쁜 곳에 음식점을 열었더라도 서비스나 맛의 차별화 전략을 통해 한 번 왔던 사람이 다른 사람을 데리고 다시 오는 곳으로 만들 수 있다. 차별화는 거창한 것이 아니라 작은 것들 속에 있고 '못하는 것'이 아니라 '안 하는 것'이다.

직원 중 한 사람이 부업으로 어묵 장사에 도전했지만 투자금을 모두 날리고 실패하고 말았다. 그 직원은 안동의 번화가가 아니라 유동 인구가 많지 않은 주택가를 택했다. 이미 핸디캡을 안고 시작했지만 차별화 전략이 있었더라면 충분히 성공할 수 있었을 것이다. 예를 들어 원가가 싼 팝콘을 한 컵씩 무료로 제공했다면 동네 아이들을 모으는 데 훨씬 유리하지 않았을까? 아이들이 오면 어른들도 따라오게 마련이고 매출은 당연히 늘어나게 될 것이다.

안동의 번화가에 가면 줄 서서 먹는 어묵집이 있다. 이 집은 간장이 특화돼 있다. 특제 간장소스를 만들어서 특별한 맛을 낸다. 게다가 국물에 게를 넣는데 일부러 게 다리를 걸쳐놓고 있기 때문에 시각적으로 효과가 있다. 사람들은 이 집에 차를 대놓고 줄 서서 먹는다. 어묵을 파는 아내 옆에서 남편은 붕어빵을 판다. 이것이 미끼상품이자 일거양득의 매출을 일으키는 차별화 전략이다. 사람들은 어묵을 먹고 나서 붕어빵을 포장해서 돌아간다.

사람들이 잘 다니지 않는 일요일에 쉬는데도 한 달 매출이 상당하다. 푸드 트럭 준비금 200만 원 정도면 훌륭한 장사 아이템이 될 수 있다는 얘기다.

가지 않은 길을 가다

내가 대학을 다니면서 처음으로 도전했던 전기기사 자격증도 사실 합격률이 낮고 어려운 시험이었다. 당시엔 병원에 취업하는 것보다 처우가 훨씬 좋았으니 경쟁률 또한 치열했다.

내가 이 시험에 도전한다고 하자 친구들과 주위에서는 곱지 않은 시선으로 봤다. "전기를 전공한 사람들도 많이 떨어진다는데 너는 물리치료 전공이잖아." "물리치료 공부하면서 다른 분야 자격증 시험을 준비하겠다고? 그게 가능하겠어?" 마치 떨어지기를 기원이라도 하는 것 같은 반응이어서 오기가 생겼다. 남들이 도전하지 못하는 일이니까 나는 꼭 해봐야겠다는 생각이 들었다.

이때 합격했던 경험으로 나는 어떤 것이든 도전해서 성공할 수 있는 용기와 자신감을 얻었다. 현재의 내 인생을 설계하는 시작점이 된 것이 바로 전기기사 자격증이라고 생각한다.

예천의 ○○○정형외과에서 직장생활을 할 때 인터넷 쇼핑몰 사업을 한 적이 있다. 직장생활하면서 가능하겠냐는 주위의 우려를 잠재우고 직장인 월급보다 많은 수익을 남겼다. 이때 사업에 관해 소중한 기초 경험을 했다.

자본금 1,000만 원을 들고 남주현의원 물리치료실을 시작했을 때 과연 물리치료사 능력으로 병원이 성공하겠냐는 부모님과 주변 분들의 걱정을 딛고 많은 충성고객을 만들며 성공해냈다.

의료법인 K정형외과 운영을 맡았을 때도 부도 직전인 병원을 성공시킬 수 있겠냐고 많은 사람이 만류했다. 예천 경도요양병원을 신축할 때는 자본도 없는데 노인병원으로 성공하겠냐고 했다. 안동 복주병원을 1차 경매로 인수할 때도 대다수 사람은 "망할 것이다." "안된다."라는 이야기만 줄곧 했다.

존엄케어와 감사·나눔 활동 역시 주위에서만 아니라 우리 직원들조차도 '그러다 말겠지.'란 생각을 했다. 그러나 이름 없는 한 지방의 요양병원이 지금 전국에서 벤치마킹하러 오는 유명한 병원이 됐다.

나 역시 무턱대고 시작한 게 아니다. 나름대로 철저한 계획을 세우고 리스크를 대비하고 차근차근 실행했기에 성공할 수 있었다. 남들은 가지 않는 길, 어렵다고 하는 길을 하나씩 하나씩 방법을 모색해 가다 보니 성공의 열매가 두 배 세 배 더 커진 것이다.

과감한 투자로 고객을 반드시 감동시킨다

2000년에 예천에서 ○○○정형외과에 근무할 때였다.

한의원을 운영하고 있는 선배가 다이어트 한약을 판매한다고 했다. 식품으로 허가받고 인터넷으로 판매하고 있었는데 전자상거래 인터넷 쇼핑몰이 처음 등장한 시기였다. 그 선배가 효과가 좋으니 나에게 한번 팔아보라고 했다.

당시 나는 컴맹 수준이었다. 그러나 일단 투자금이 드는 일이 아니니까 한번 해보기로 했다. 먼저 직업훈련 컴퓨터학원에 등록하고 독수리 타법으로 처음으로 컴퓨터를 공부해가며 인터넷을 배웠다. 그리고 300만 원을 투자해 삼성 노트북 센스740을 구입했다. 내 월급이 140만 원이었는데 월급의 2배가 넘는 돈을 투자한 것이다.

주위에서는 잘될지 안 될지도 모르는데 무리한 투자가 아니냐고 했지만 내 생각은 좀 달랐다. 어차피 세상은 정보화 시대로 넘어가고 있었다. 이번 쇼핑몰 사업이 실패하더라도 노트북은 폭넓은 시각과 사고를 확보하기 위해 반드시 필요하기 때문에 밑지는 투자는 아니라고 판단했다.

철저한 준비로 첫 사업에 성공하다

불과 3개월 만에 컴맹에서 탈출했고 쇼핑몰을 구축하기 위한 프로그램에 컴퓨터 언어까지 공부했다. 말 그대로 실전에 필요한 모든 공부를 한 셈이다. 웹 페이지 이미지를 위해서 디지털카메라도 구입해서 직접 사진을 찍어서 올리기도 했다. 당시에는 대부분 필름카메라를 사용했고 디지털카메라는 이제 막 시장에 출시된 상태였다.

다이어트 한약 판매는 순풍을 타고 순항했다. 처음에는 이익이 남지 않았다. 처음 6개월은 수익을 전부 쇼핑몰 구축, 홍보물 제작 등에 투자했기 때문이다. 투자가 무르익자 고객이 늘어났다. 나는 고객 관리도 직접 했다. 제품을 파는 것에서 끝나지 않고 일주일마다 고객 이름을 달력에 적어놓고 매주 한 번씩 전화를 걸었다. 다이어트 프로그램대로 잘하고 있는지, 어려움은 없는지 확인하고 잘못하고 있는 것은 바로잡아 주었다.

한의원에서는 홈페이지 상담 게시판을 통해 온라인 고객 관리를 하고 나는 오프라인 고객 관리를 한 것이다. 이 차별화 전략은 주효했다. 내가 관리하던 고객들은 지인에게 나를 소개했다. 다이어트할 때는 자신과의 싸움이 힘든 법인데 일주일마다 내가 전화로 조언을 하니 마음을 다잡는 데 도움이 된 것이다. 요즘 한참 이야기되는 고객감동 서비스를 2000년에 이미 시도한 셈이다.

나만의 경쟁력을 만드는 것이 중요하다

이때 나만의 경쟁력을 만드는 것이 중요하다는 것을 직접 체득했다. 또 부업하느라 근무에 소홀해지지 않기 위해서 근무시간에는 고객에게 전화하지 않았다. 점심시간이나 근무를 마친 후 저녁시간을 활용했다. 6개월이 지나자 쇼핑몰의 한 달 평균수입이 내 월급보다 많아졌다. 어느 때는 월급의 2배를 넘을 때도 있었다. 부업치고는 많은 돈이었다.

이렇듯 내 인생의 첫 사업인 다이어트 한약 판매는 과감한 투자와 철저한 고객 관리로 성공을 거두었다. 이 사업을 하면서 사업자등록, 세무 처리, 쇼핑몰 관리 등 사업에 필요한 전반적인 사항을 모두 경험했다. 이후 병원사업을 시작할 때까지 2년간 수익으로 부모님이 농사 짓는 땅에 예쁘게 농가주택을 지어드릴 수 있었다.

고객과 직원이 먼저고 수익은 나중이다

우리 병원에서는 판단이 서지 않을 때 원칙으로 삼는 기준이 있다. 병원에서 어떤 일을 함에서 최우선으로 고려해야 하는 것이 고객의 이익이다. 그다음이 직원의 이익이다. 마지막이 병원의 이익이다. 즉 어떤 일을 함에 있어 그 일은 환자를 위한 최선의 선택이어야 한다.

예를 들어 공휴일마다 와상 방지를 위해 환자들을 침대에서 벗어 나게 유도하는 공휴일 재활치료 프로그램(김밥 또는 유부초밥 만들기 등) 을 간부와 직원들이 번갈아 가면서 해오고 있다.

물론 병원에서는 환자들에게 별도 비용을 받지 않지만 직원들에겐 프로그램 당직 수당을 지급해야 한다. 직원들도 공휴일에 근무하기 는 싫을 것이다. 직원을 생각한다면 공휴일 프로그램을 운영하면 안 된다. 병원 수익을 생각했을 때도 공휴일 프로그램은 중지해야 한다. 하지만 환자를 생각한다면 공휴일 프로그램을 운영해야 한다.

이럴 때 우리 병원의 결정 원칙이 가동된다. 고객의 이익을 최우선으로 해서 프로그램을 실시하고 직원들의 이익을 위해서 평소보다 많은 휴일수당을 지급한다. 이것이 결과적으로 병원에는 손해만 끼칠 것 같은데 고객만족도가 올라가고 직원만족도가 높아져 이직률이 떨어지기 때문에 결국엔 병원에 이익으로 돌아온다. 고객과 직원을 위한 투자는 결국 경영 성과로 이어진다.

적자가 나더라도 원칙을 지킨다

10년 전 노인병원을 처음 할 때 간병비를 포함해서 월 80만 원을 받았다. 10년이 지나고 물가가 2배가 올랐다. 하지만 지금도 여전히 월 80만 원을 받고 있다. 환자 1인당 간병비 적자가 20만 원 이상 나는데도 말이다. 그나마 우리 병원은 괜찮은 병원이라며 환자와 보호자들이 찾아오는 병원인데도 그렇다. 수도권 병원은 간병비를 대부분 정상적으로 받고 있다. 하지만 우리 병원 환자와 보호자들은 시골에서 농사짓는 분들이 대부분인지라 저소득층이 많아서 간병비를 제대로 부담하지 못한다.

주위에 간병비가 싼 병원도 많이 생겼다. 간병비를 포함한 병원 비용을 우리 병원의 2분의 1, 3분의 1만 받는 병원도 있다. 당연히 우리도 가격은 올리지 못한다. 병원비 60만 원에 간병비 50만 원을 받아야 적자를 만회하는 상황이지만 평균 25만 원의 간병비를 할인해 주고 있다. 만약 비용만 따져서 적자를 보지 않겠다고 생각하면 어떻게 하면 될까. 한 병실(6~8인실)당 간병인 1인을 두고 있는데 두 병실당 간병인 1인으로 바꾸면 된다.

사실 이 적자폭을 계산하면 안동과 예천의 환자 400명을 모두 합해 한 달에 월 1억 원이다. 1년이면 12억 원이다. 존엄케어, 감사·나눔 등 직원 복리후생으로 추가로 들어가는 돈을 합하면 1년에 약 15억 원이다. 2년마다 병원을 한 개씩 지을 수 있는 돈이다. 그런데 이렇게 해서 병상이 2,000개, 3,000개가 생긴들 무슨 의미가 있을까. 내가 운영하는 병원이 하나뿐이어도 환자들이 행복해야 한다. 직원들이 요양병원에서 근무하는 걸 부끄럽게 여기지 않아야 한다. 요양병원에 근무한다는 것 때문에 직원들 자존감이 떨어져서는 안 된다.

눈앞의 이익 때문에 가치를 포기할 수 없다

만약 우리 병원도 간병비 적자를 보지 않기 위해 간병인 숫자를 줄인다면 우리 병원의 차별화인 존엄케어, 즉 4무2탈 운동을 실행하지 못한다. 눈앞의 이익 때문에 우리가 추구하는 가치를 포기할 순 없다. 간병비 적자 폭을 감안하면서도 간병인 숫자를 줄일 순 없다.

그런데 이렇게 어려운 상황에서도 신기하게 존엄케어와 감사·나눔 활동을 통한 가치경영으로 서비스 질이 좋아지면서 상황도 나아지기 시작했다. 싼 병원만 찾던 분들이 입소문이 나면서 비싸더라도 우리 병원을 선택하는 경우가 늘어나고 있다. 다른 병원에서 만족하지 못했던 서비스를 우리 병원에서 충족하면서 정상 간병비까지 전액 내는 분들도 늘어났다. 게다가 존엄케어가 언론을 통해 알려지면서 전국에서 우리 병원을 찾아오는 환자가 증가했다. 처음에는 과연 경상도 시골까지 환자들이 올 것인가 생각했는데 부산, 대구, 수도권은 물론 전라도에서까지 환자가 찾아오고 있다.

가까운 지역 요양병원을 놔두고 우리 병원을 선택한 이유 중에는 사실 다른 병원에서는 케어하기 힘들다고 포기한 환자였기 때문이다. 억제대를 많이 사용했거나 욕창이 많이 발생했거나 안 좋은 경험을 겪은 환자들이다. 공격성이 높고 이상행동을 하는, 이른바 문제행동 환자들을 화학적 억제로 약물 사용을 했다가 안정이 되기는커녕 더 악화된 경우가 많다. 한마디로 전국에서 돌보기 힘든 환자들이 우리 병원을 찾아 입원하고 있는 것이다. 이런 분들은 입원 상담을 할 때 간병비를 깎아달라고 하지 않는다. 우리 병원의 최신식 시설과 존엄케어 서비스 질을 따지면 수도권에 비해 상대적으로 매우 저렴하다는 걸 아는 것이다.

그리고 최근에는 지역에서도 존엄케어 가치를 알고 찾아오는 분들은 깎아달라고 하진 않는다. 우리 병원보다 2~3배 저렴한 곳이 있는데도 말이다

시간이 갈수록 여러 가지 요인들이 더해지면서 간병비 적자폭이 줄어들고 있다. 존엄케어 서비스의 질에 대한 투자가 이익으로 되돌아오는 선순환이 이루어지고 있다.

"싸게 해드릴 테니 오세요." "잘해드릴 테니 오세요."의 경쟁에서 당장의 수익만을 보지 않았던 것, 사람을 소중히 하면서 투자에 과감했던 것이 나만의 차별화 경쟁력을 만든 것이라고 생각한다.

5장

성장과 성공을 넘어
행복을 꿈꾼다

"할 수 있는 일에 최선을 다하고
결과에 연연하지 않는다!"

때때로 내려놓기 연습을 하자

K정형외과를 운영할 당시의 일이다. 법원으로부터 병원 월급통장에 가압류가 들어왔다. 대체 무슨 일인지 알아보니 내가 의료재단 대표로 취임하기 전에 전 대표가 개인적으로 사채업자에게 돈을 빌려서 썼는데 의료법인이 연대보증으로 되어 있었다. 전 대표가 안 갚으니까 의료법인에서 운영하는 병원으로 가압류가 들어온 것이었다.

병원 운영을 맡기 전에 발생한 일이라 내가 그 사실을 알 리가 없었다. 가압류가 들어온 다음 날은 월급날이었다. 당장 월급을 못줄 형편이 된 것이다. 급히 당숙에게 부탁하여 4,000만 원을 빌려서 직원들 월급부터 가까스로 지급했다.

월급을 밀리지 않는다는 건 그때부터 지금까지 우리 병원의 철칙이다. 어떠한 경우에도 이후로 현재까지 우리 병원은 월급을 밀리는 일이 없었고 앞으로도 없을 것이다.

빌린 돈으로 직원들 월급을 지불하고 나서 법원에서 소송을 진행하기로 했다. 그런데 월급을 해결하고 나니 바로 공사 중인 예천 경도요양병원 땅 부지에 가압류가 들어와서 대출이 중단될 위기에 놓였다. 큰 위기였다.

사건 전말을 알아보니 전 대표도 피해자였다. 전 대표는 사채업자에게 빌린 돈을 거의 다 갚았다. 그런데 사채업자가 이자를 복리에 복리를 붙여서 전 대표가 갚은 원금 4억 원에 더해 이자 4억 원을 더 갚으라는 것이었다. 영화에서나 나오는 일이 내 눈앞에서 벌어지고 있었다.

아무리 생각해도 너무 억울했다. 내가 만져보지도 못한 돈을 갚아야 한다니 부당했다. 이때 채무부존재 소송을 낸 것이 내 인생의 첫 소송이었다. 그런데 이 사건은 내게는 시간을 다투는 일이었다. 병원 공사를 진행할 수 없으면 나에겐 치명타가 되는 상황이었다. 결국엔 변호사 의견대로 조정에 임하기로 했다.

당시 의료계에서 신망 있는 대선배였고 안동의료원장이셨던 신현수 원장님이 조정위원으로 참석했다. 지금은 우리 병원의 대표원장으로 근무하고 계신다. 이때 법원에서 처음 만났던 인연이 지금까지 이어진 것이다.

신현수 원장님은 내가 억울한 일을 당했고 사채업자의 주장이 터무니없으니 판사에게 조정금액을 최소로 해달라 권하겠다며 사채업자와 합의하라고 권유하셨다. 처음에 나는 얼굴 한 번 본 적 없는 사채업자에게 돈을 줘야 한다는 것이 납득이 안 돼 사회정의를 위해서라도 법원 판결을 받겠다고 생각했다. 하지만 신현수 원장님은 내 뜻이 옳고 억울한 것도 다 이해하지만 대법원 판결까지는 3년이 걸리니 신중히 하라고 조언하셨다. 소송으로 인해 3년 동안 공사가 중단되면 결국엔 나만 피해를 보게 된다. 이런 사건은 억울하더라도 빨리 마무리하고 병원 공사를 진행하고 개원해서 환자와 수익을 늘려서 지금의 손해를 만회하는 것이 남는 장사다. 그렇게 나를 설득하셨다.

그 와중에 사채업자는 조정합의를 하지 않는다면 대법원 소송까지 3년이 걸려도 끝까지 가겠다고 으름장을 놓았다. 나는 3년 소송으로 공사가 중단된다면 파산할 수밖에 없는 입장이라 눈물을 머금고 조정합의서에 도장을 찍었다.

화병을 다스리며 깨달음을 얻다

조정합의서에 서명을 하고 가압류는 해제됐다. 하지만 내 마음의 상처는 회복되지 않았다. 분하고 억울해서 먹지도 자지도 못했다. 내가 평생 써보지도 만져보지도 못한 1억 원이 넘는 큰돈을 대신 갚아야 한다는 게 억울했다. 이성적으로는 납득하겠는데 감정으로는 도무지 납득이 안 됐다. 화병이 생긴 것이다.

일주일이 지났을 즈음 한 지인이 봉화 문수산에 있는 축서사의 무여스님을 뵈러 가자고 했다. 그분은 유명한 고승이니 나에게 도움이 될 것이라고 했다. 처음 뵌 무여스님은 정말 살아 있는 부처님인 생불같이 인자해 보였다. 무여스님께 내 억울한 사정을 말씀드렸더니 이런 이야기를 해주셨다.

"처사님은 관상에 재복과 큰 운을 타고나셨습니다. 불가에 무상보시라는 말이 있습니다. 모르는 사람도 도와주라고 한 부처님 말씀입니다. 처사님한테 피해를 준 사채업자에게 전생에 빚을 졌던 것을 지금 갚는다고 생각하세요."

평소 같으면 무슨 말도 안 되는 소리냐고 흘려들었을 것이다. 그런데 그때는 그 말씀을 듣고 나니 왠지 가슴에 꽉 막혀 있던 것이 내려가는 느낌이었다. 그 길로 절에서 내려오면서 마음을 다잡았다. '그래, 지나간 것은 잊고 나중에 성공한 내 모습을 상상하면서 앞만 보고 가자.'

그리고 다시 공사 마무리에 매진하면서 개원을 준비했다. 5개월 뒤 병원을 개원하고 증축도 했고 병원 운영 2년 만에 당숙에게 신세졌던 공사대금을 다 갚고 안정적으로 병원을 운영할 수 있었다.

이때 내려놓는다는 것을 처음 경험했다. 이미 손해본 것을 괴로워

해봐야 나만 힘들다. 지금 손해본 금액을 열심히 노력해서 더 벌면 된다고 생각하는 쪽이 훨씬 현명한 선택이다. 이때부터 긍정적으로 사고할 수 있게 된 것 같다. 사실 그뒤로도 돈 떼인 일은 또 있었다. 하지만 이때처럼 마음이 들끓고 힘들진 않았다. 성공으로 가는 하나의 과정이라고 생각하고 그다음 할 수 있는 일에 집중했다.

제약회사 도매상에 돈을 떼이다

K정형외과를 운영할 때도, 예천 경도요양병원을 운영할 때도 거래하던 제약회사 도매상 사장이 있었다. 평소에도 친분이 있는 사이였다. 이분이 정신과 600병상 ○○병원이 곧 부도나고 경매로 넘어간다는 정보를 주었다. 내가 경매로 인수하기 전 부도 난 ○○병원에 약품대금 10억 원을 떼었다고 했다.

하루는 이분이 찾아와 자신이 많이 어렵다며 약품대금 1억 원을 선어음으로 끊어달라고 요청했다. 우리 병원은 '외상 없는 현금결제'를 원칙으로 하고 있기 때문에 어음을 쓰지 않는다. 그래서 외상도 없는데 무슨 어음이냐고 물었더니 어려운 자신을 한 번만 도와달라고 했다. 사정이 딱해서 한 번도 어음을 써본 경험이 없지만 은행에 가서 당좌거래를 개설하고 어음을 받아와 1억 원어치 어음을 건넸다. 난생처음 어음거래를 한 순간이었다.

그런데 바로 다음 날 이분이 어음을 부도내고 행방불명이 됐다. 고의 부도였던 것이다. 내가 건네준 어음을 은행에서 바꾼 뒤 돈을 챙기고 자신의 회사는 부도 처리를 했다. 기가 막힌 일이었다. 아마도 대한민국에서 병원이 약품 도매상에게 돈을 떼인 경우는 내가 처음일 것이다. 앞으로도 그런 일은 없지 않을까 싶다.

그렇지만 이번에는 사채업자 소송 경험이 있어서인지 금방 마음을 비울 수 있었다. 직원들에게는 "이 도매상이 경매에 관한 정보를 주지 않았으면 복주병원을 인수하지 못했을 테니 비싼 부동산 복비(소개비) 주었다고 생각하자."라고 이야기했다. 이미 돈 떼어 먹은 사람은 사라졌는데 그 일에 스트레스를 받으면 나만 힘들어질 것이 뻔했다.

내려놓는다는 것은 포기하고 외면한다는 것이 아니다. 욕심을 버리고 마음이 편안해지는 것을 선택하겠다는 것이다. 쓸데없이 힘들어할 것이 아니라 앞을 보고 나아가겠다는 것이다. 내가 할 수 있는 모든 노력에 힘을 쏟고 최선을 다하되 결과는 하늘에 맡길 일이다.

하루 15분 독서가 인생을 바꾼다

    나는 소작농의 아들로 태어나 상명하복이 분명한 의료업계에서 의사가 아니라 물리치료사로 일하던 사람이다. 그런데 지금은 전국에서 벤치마킹을 하러 오는 두 요양병원을 두 곳이나 운영하고 있는 의료재단의 이사장이다. 사실 돌이켜보면 내 인생을 바꾸고 지금의 성과를 가져다준 것은 단언컨대 책이었다. 내가 존엄케어를 실행하게 된 것도, 감사·나눔 경영을 실행하게 된 것도 모두 한 권의 책이 시발점이었다.

    한때 나는 사업상 바쁘다는 핑계로 독서를 하지 않았다. 책을 1년 내내 한 권도 읽지 않았다. 그러던 내가 5년 전『행복순환의 법칙』이란 책을 시작으로 해서 지금은 행복나눔125운동 중 하나인 '1월2독서'를 실천하는 사람이 됐다. 내 삶의 철학인 긍정과 감사, 베품과 나눔도 『행복순환의 법칙』이란 책으로부터 시작됐다.

책은 내가 경험하지 못했던 일들을 간접적으로 경험하게 해준다. 책의 이야기를 내 삶에 적용하면서 내 삶은 조금씩 바뀌어갔다. 책 속의 주인공처럼 성공한 삶, 멋있는 삶을 꿈꾸기 시작했고 꿈을 행동으로 옮기자는 동기부여를 받곤 했다. 독서는 나에게 새로운 세상을 경험하는 새로운 창이었다.

진짜 독서는 삶에 적용하고 실천하는 것이다

읽고 있는 책 속의 내용 중에 관심 있게 눈여겨본 내용은 바로 자신의 삶에 적용하고 즉시 실천해야 한다. 이 과정이 없다면 독서는 그저 취미와 재미로 끝나버릴 것이다.

내가 『육일약국 갑시다』라는 책을 읽고 있는데 저자인 김성오 대표가 약국을 찾은 손님들에 대한 배려로 고객 상담 테이블을 설치했다는 내용이 나왔다. 그 순간 우리 병원을 떠올렸다. 우리 병원 원무과 병동의 간호사실 어디에서도 환자나 보호자를 위한 의자가 없었다. 우리 병원뿐만 아니라 내가 가봤던 그 어떤 병원도 원무과나 병동 간호사실 앞에 의자를 설치한 곳은 없었다.

책을 다 읽기도 전에 당장 의자를 주문해서 원무과와 병동 간호사실 앞에 환자와 보호자를 위한 상담용 의자를 설치했다. 나중에 저자인 김성오 대표를 만났을 때 이 이야기를 말씀드렸더니 "저자보다 실행력이 더 빠르네요."라며 웃으셨다.

『육일약국 갑시다』에 보면 마산의 랜드마크를 만들기 위해 마산에서 두 번째로 고가인 자동문을 설치했다는 내용이 있다. 나는 복주회복병원을 안동의 랜드마크로 만들기 위해 1억 원이 넘는 비용을 들여 제주 롯데호텔 같은 웅장한 느낌을 주는 야간 조명을 설치했다. 안동에서 대형 건물에 조명공사를 해서 호텔 느낌을 낸 건물은 우리 병원이 처음이었다.

고속도로 인터체인지와 버스터미널 근처에 위치한 우리 병원은 지나다니는 차량이 많은데 조명공사 후 운전하다가 자연스럽게 우리 병원을 한 번씩 쳐다보게 된다는 이야기를 자주 들었다. "어떻게 그런 생각을 했냐? 앞서 나가는 병원은 뭐가 달라도 다르다."라는 지인들의 이야기를 들으면 기분이 좋았다.

가장 좋은 실천법은 공개선언하는 것이다

어떤 책을 읽다가 직원 자녀 학자금 지원, 출산 장려비 지원 등 복리후생제도를 운영하고 있는 회사가 눈에 들어왔다. 나 또한 직원들 복리후생제도에 관심이 많았다. 그래서 그 책을 다 읽고 나서 담당직원과 통화를 하고 나서 궁금한 것을 직접 물어보기 위해 지방에 있는 그 회사로 당장 달려갔다. 복리후생제도에 관해 자세히 공부하고 나서 이것을 우리 병원에 맞게 적용하기로 결정했다.

그리고 주간 간부회의 시간, 직원 전체가 모이는 석회 시간에 내가 읽은 책을 소개했다. 책 내용 중 당장 실행해야 할 것들과 중장기적으로 실행해야 할 것들에 대해 설명하고 공개선언을 했다. 대표적인 것이 장기근속수당 지급과 자녀 학자금 지원이었다.

사실은 공개선언이란 것도 『하루 1%-변화의 시작』이란 책을 읽고 적극적으로 활용하게 된 방법이다. 복리후생제도는 한 번 만들면 후퇴할 수 없기 때문에 신중을 기해야 한다. 그러나 경영 이익만 따지면 많은 비용이 소요되는 제도는 영원히 실행하는 것이 어렵다. 마음은 있어도 이것저것 따지다 보면 실천할 수가 없다. 그래서 내가 쓴 방법이 공개선언이었다. 일단 경영자인 내 입을 통해서 무엇을 하겠노라고 공개선언을 하면 어떤 어려운 일이 있더라고 지킬 수밖에 없다.

누구나 신뢰가 없는 사람으로 취급받는 것은 싫어한다. 그리고 경영자가 약속을 지키지 않는다면 직원들은 믿고 따를 수가 없기 때문에 경영상 난관에 부딪힐 수도 있다. 하고 싶은 일이 있는데 여러 가지 여건상 하기 힘들다면 나는 공개선언을 해버린다.

부서별 독서토론회를 할 때 모든 부서에 내가 참석하겠다는 공개선언을 했다. 내가 읽은 책 중에서 직원들도 쉽게 읽을 수 있고 삶에 작은 변화를 줄 수 있을 만한 책을 구입해서 직원들에게 나눠주고 독서를 권장했다. 책은 나의 삶에 많은 영향을 주었다. 그러다 보니 직원들도 좋은 영향을 받아 삶을 바꾸는 계기가 되길 바라며 부서별 독서토론회에도 참가했다. 모든 부서의 독서토론회에 참석하는 데는 꼬박 두 달이 걸렸다. 만만치 않은 일이었지만 공개선언을 한 덕분에 직원들과의 약속을 지킬 수 있었다.

물론 모든 직원이 책을 읽고 변화하는 것은 아니다. 그래도 일부 직원은 독서를 통해 포기했던 대학원을 진학하고, 영어공부를 시작하기도 하고, 부족한 체력을 보강하기 위해 헬스클럽에서 운동을 시작하기도 했다. 독서토론회 이후 삶의 새로운 변화를 추구하는 직원들이 생겨나고 있다. 즐거운 일이다.

누구나 책 속에서 인생을 바꿀 지혜를 얻을 수 있다. 하지만 '읽기' 자체가 습관이 되어 있지 않다면 쉽지 않은 일이다. 그럴 땐 무리하지 말고 하루에 딱 15분만 투자해보기 바란다. 하루에 1페이지만 읽어도 좋다. 출근할 때, 퇴근할 때, 아니면 점심을 먹고 난 뒤 차를 마시면서 잠깐의 시간만 투자하면 '읽기'를 습관으로 만드는 데 무리가 되진 않을 것이다. 하루 15분도 시간을 낼 수 없다면 그것은 정말 바빠서라기보다는 핑계를 일부러 만들고 있는 것이라고밖에 해석할 수 없다.

그리고 책을 읽었다면 반드시 그것을 자신의 삶에 적용하는 시도를 하기 바란다. 책에 아무리 훌륭한 삶의 교훈이 있다 해도 그저 눈으로만 읽는다면 머릿속에만 들어 있는 단순한 지식밖에 되지 않는다. 나는 책의 내용을 마음에 담아 새기고 실행에 옮기면 그 지식이 삶의 지혜로 변모한다는 것을 생생하게 경험한 사람이다.

독서는 나를 굉장히 실행을 잘하는 사람으로 바꿔놓았다. 존엄케어도 한 권의 책으로부터 시작됐고 감사·나눔 경영도 한 권의 책으로부터 시작됐다. 책 덕분에 직원들이 긍정을 기반으로 한 진정성 있는 존엄케어를 완성할 수 있었다. 그 결과로 많은 언론에 보도되고 방송으로 소개됐다. 수도권을 비롯해 전국 각지에서 환자들이 찾아오고 벤치마킹을 하러 오는 병원을 만들 수 있었다.

모든 것이 책으로 인한 동기부여였고 책으로 인한 실행력이었다. 책으로 내가 직접 경험하지 못했던 세상을 접하고 배우면서 성장하고 나누는 삶을 살게 된 것에 감사할 따름이다.

베풂과 나눔에는 조건이 없어야 한다

우리 병원에는 경상북도청 여성국장 출신의 윤호정 행정원장님이 일하고 있다. 이분은 경북 청송에서 9급으로 공직생활을 시작해서 2급 이사관으로 퇴직했다. 경북도청 공무원 사회에서는 신화와같은 존재였다. 호탕한 성격과 청렴함으로 가장 존경받던 국장이었다. 이분이 도청 국장을 퇴직하고 안동 청소년지원센터장으로 근무할 때 나와 친해졌다. 개인적으로는 사촌형님의 처숙모가 되는 사돈관계였다. 어린 나이에 열심히 사업한다고 나를 아끼셨다. 게다가 이분은 나의 골프 스승이기도 하다.

이분이 안동 청소년지원센터에서 임기가 끝나고 대구로 가시려는 것을 내가 우리 병원의 행정원장님으로 모셔왔다. 워낙 평판이 좋고 성격이 좋은 분이라 우리 직원들에게 어머니 같은 역할을 해주신다. 내가 나이가 어린 것이 지역사회에서는 핸디캡이었다. 그런데 어머니 같은 역할을 해주시는 윤호정 행정원장님과 아버지 같은 역할을 해주시는 신현수 대표원장님을 모시고 나서부터 핸디캡을 극복할 수 있었고 우리 병원의 위상은 더 높아졌다.

긍정과 감사가 몸에 배다

윤호정 행정원장님이 우리 병원으로 오실 때는 안동 복주회복병원 재활전문센터가 개원 초기여서 환자가 별로 없었다. 매달 적자가 1억 원씩 나고 있는 상황이어서 스트레스를 많이 받고 있었다. 밤에 잠을 자지 못하는 날이 허다했고 낮에는 수면 부족으로 피곤한 날의 연속이었다. 하루는 윤호정 행정원장님께 스트레스 때문에 잠을 못 잔다고 이야기했더니 책 한 권을 건네셨다. 그 책이 바로 나의 인생을 바꾼 책『행복순환의 법칙』이다. 빛 명상에 관한 책이었다.

단숨에 다 읽고 그날부터 매일 저녁 빛 명상을 하고 있다. 잠자기 전에 하루 동안의 일을 정리하면서 좋은 일이 일어난 것에 감사했다. 나쁜 일이 있을 때는 그럼에도 감사했다. 매일 이렇게 빛 명상을 하다 보니 변화가 일어났다.

처음에는 직원들에게 잘해주었는데도 퇴직하면 배신당한 것 같아 그 직원이 미웠다. 나도 인간이었기에 원망스러운 마음은 어쩔 수 없었다. 그런데 빛 명상을 하고부터는 감사부터 찾다 보니 원망하기보다 '그 직원이 있는 동안 일을 잘해주었기 때문에 우리 병원이 잘 운영됐다.'라고 생각하게 됐다. 감사한 일을 찾다 보면 그 직원이 밉지 않고 이해된다. 당연히 내가 잠 못드는 일도 없어졌다.

매일 빛 명상을 하면서 더욱 긍정적인 나로 바뀌었다. 큰일이 생겼어도 더 큰일이 안 일어났으니까 감사하다고 생각하게 됐다. 그러다 보니 긍정과 감사가 몸에 배게 됐다. 이게 나중에는 감사·나눔 경영을 실행하는 계기가 됐다.

집에서도 역시 변화가 일어났다. 매일 사업한다고 집에 늦게 들어갔고 집에 있어도 일 생각에 가득 차 마음은 딴 데 가 있곤 했다. 한마디로 일의 노예였던 것이다. 애들은 커가는데 제대로 놀아주지도 못했다. 빛 명상을 하면서는 가족에 대한 감사를 느끼고 가정의 소중함을 깨달았다.

열심히 일하고 돈을 버는 것은 가족과 행복하게 잘살기 위해서다. 그러나 정작 현실은 사업과 스트레스로 인해 가족과 있는 시간을 즐겁게 보내지 못하는 나날이었던 것이다. 행복하게 잘사는 모습과는 거리가 멀었고 아이들과 아내에게 좋은 가장이 되지도 못했다. 빛 명상은 내 삶을 되돌아보게 했다. 이후로 내 삶의 1순위는 가족으로 바뀌었다. 주말에는 특별한 일이 아니면 가족과 여행을 가든지 함께 시간을 보내는 것을 최우선으로 정했다. 빛 명상으로 인해 내가 스트레스받지 않고 가정에도 충실하니 당연히 아내와 아이들이 좋아하는 행복한 가정이 됐다.

베풂과 나눔은 결국 나를 위한 것이다

빛 명상을 하면서 빛명상센터의 정광호 학회장님을 알게 됐다. 나는 이분을 통해 베풂과 나눔을 배우고 실천하려고 노력하고 있다. 이분은 평생을 어려운 사람들을 도우며 살아오신 분이다. 하루는 이분에게 베풂과 나눔의 진실한 의미에 대해 말씀을 들을 시간이 있었다.

"베풂과 나눔은 조건이 없어야 한다."

뭔가 한 방 맞은 느낌이었다. 대부분 경영자들은 "성과가 나면 이걸 해줄게."라고 직원들에게 이야기한다. 나 또한 그래왔다. 이후로는 나부터 달라졌다. 직원들에게 아무런 조건을 걸지 않고 연차휴가 5일을 늘려주기로 결정했다. 병원의 교대근무라는 특성상 병원 한 곳당 월 700만 원 정도의 추가비용이 들지만 일단 시행하겠다고 직원들 앞에서 발표했다.

사실 아까울 줄 알았는데 묘한 느낌이었다. 무언가 가슴이 따뜻하게 차오르는 것을 느꼈다. 나눔이라는 것이 남을 위한 것이 아니라 나 자신을 위한 것이라는 사실을 처음 깨달은 것이다. 이때를 기점으로 비용이 많이 들어도 직업적인 나눔을 실천하게 됐다. 간병비 적자를 감수하고 장기근속수당을 지급했고 존엄케어를 선포하고 실천했다. 그리고 감사·나눔 펀드를 만들어서 지역사회에서 사회적인 나눔도 실천하고 있다.

존엄케어를 통해 환자들을 위한 좋은 서비스와 환경을 제공하고, 존엄케어를 실천하느라 힘들어진 직원들에게 최대한 복리후생을 실시하고, 감사 펀드를 통해 소외되고 어려운 이웃들을 지원하는 사회적인 나눔을 실천하는 것. 이것들 모두 '베풂과 나눔에는 조건이 없어야 한다.'라는 원칙 하에 이루어지고 있다. 많은 비용이 소요되지만 나눔을 통해 나도 행복한 경영자가 되어가고 있다.

행복한 성공이란 어떤 것인지를 알게 해준 빛명상센터의 정광호 학회장님께 감사드린다. 나는 환자도 행복하고 직원도 행복하고 경영자도 행복한 일터를 만들기 위해 오늘도 노력하고 있다.

최고를 찾아가 배워야 최고가 된다

내가 존엄케어를 처음 접했던 곳은 일본이었다. 하지만 내가 직접 해보겠다는 동기부여를 받은 현장은 한국의 존엄케어 사례를 접하고 난 뒤였다. 한국 노인요양병원협회장을 지내신 김덕진 회장님이 운영하는 희연병원이 바로 그곳이다.

2011년 당시 한국에서는 불가능할 것만 같던 신체구속 폐지를 처음으로 선언한 분이시다. 새로운 도전과 시도를 멈추지 않는 개척자 정신으로 나에게 새로운 자극을 주시고 도와주신 김덕진 회장님께 항상 감사하다.

감동받은 책의 저자를 직접 만나 배워라

행복나눔125운동의 1월2독서를 실천하면서 내가 감명 깊게 읽은 책도 늘어났다. 또 기회가 될 때마다 책의 저자를 직접 만나기 위해 노력한다. 책에서 느꼈던 감동과 교훈을 생생하게 직접 들을 수 있다면 독서의 효과는 몇 배로 올라간다.

『육일약국 갑시다』는 내가 자식들에게 재산 대신 물려주고 싶다고 직원들에게 강력 추천했던 책이다. 이 책을 읽고 석 달쯤 지났을 때 절친한 후배인 『벼랑 끝에 혼자 서라』의 안겸지 저자와 함께 메가넥스트에서 김성오 대표를 만났다. 과연 책에서 느낀 대로 부드러운 감성과 사람을 끌어들이는 마력이 있었다.

또 책에 나온 에피소드를 직접 들으니 책을 읽을 때보다 더 생생하게 전달됐다. 내가 살아온 삶과 비슷한 점이 많아서 내 이야기도 함께 하다 보니 세 시간이 금방 지났다. 그 뒤로도 시간이 될 때마다 김성오 대표를 찾아뵙는다. 만날 때마다 아직 내가 겪지 못한 일들에 대해, 사업가로서 조심해야 할 일들에 대해 조목조목 친형님같이 알려주신다. 아무런 연고도 없이 좋아하는 저자로서 만난 것뿐인데 선배 경영자로서 경험과 삶에 대한 지혜를 많이 배우고 있다.

『꿈꾸는 다락방』의 이지성 작가도 우연한 기회에 연락이 닿아 만날 수 있었다. '꿈꾸면 이루어진다'는 R=VD 공식에 대해 많은 의견을 나누었고 내가 책을 읽고 궁금했던 것을 대화하면서 이해하게 됐다.

이야기하다 보니 서로 다른 삶을 살아왔어도 나눔에 대한 생각은 비슷했다. 나는 감사·나눔 펀드로 지역사회에 나눔을 실천하고 있었는데 이분은 빈곤국가에 학교를 세우고 도움이 필요한 사람들을 돕고 있었다.

그전에는 우리나라에도 힘든 사람들이 많은데 굳이 외국까지 가서 도울 필요가 있나 하는 생각이 지배적이었다. 그런데 이지성 작가와의 만남이 생각을 바꾸는 계기가 됐다. 우리가 차고 있는 축구공 하나를 만들기 위해 저개발국가의 아이들이 3만 번씩 바느질을 하다 보면 눈이 멀어 맹인이 된다는 것이다. 우리가 쓰고 있는 휴대폰 전자파의 이산화탄소 발생으로 중동 지역에서는 사막화가 급속하게 진행되어 어린아이들이 물이 없어서 죽어간다는 이야기도 들었다. 후진국의 어려움은 선진국과 무관한 것이 아니라 지구 안에서 다 연관되어 있고 우리가 누리는 혜택을 위해 빈곤국가가 희생을 한다는 것이다. 새로운 사실을 알게 되었고 내가 생각해왔던 나눔에 대한 가치관에도 변화가 일어났다. 나도 기회가 되면 해외 봉사활동을 가 봐야겠다는 생각도 했다.

작은 도전을 계속하라

『상추 CEO』는 상추 한 품목으로 100억 원의 매출을 일군 유기농 업계의 신화 장안농장 이야기를 담은 책이다. 저자 류근모 사장을 장안농장에서 뵐 기회가 있었다. 한국 최초의 수식어가 100개가 넘는 대단한 분인데 외모는 시골의 평범한 농부였다.

이분이 생각하고 꿈꾸고 있던 것들은 일반 사람들의 생각 수준을 훨씬 뛰어넘었다. 유기농 사업으로 새로운 시도를 할 때마다 직원들의 반대에 부딪혔다고 한다. 그때마다 이분은 이렇게 말했다. "다른 사람들이 못하니까 우리가 하는 것이다."

장안농장에서 유기농 채소로 먹은 점심은 감동 그 자체였다. 쌀 한 가마에 100만 원이나 하는 밥과 시중 마트에서는 맛볼 수 없는 감칠맛 나는 채소로 차려진 밥상이었다. 나는 이 고가의 유기농 채소를 한국에서는 최초로 새로 개원하는 프리미엄 IT재활병동에 도입하기로 결정했다. 재활 환자의 건강을 위해 먹을거리부터 투자하기로 한 것이다.

『행복한 리더가 행복한 일터를 만든다』를 읽을 때는 감사·나눔을 기업경영에 도입해서 감사가 성과로 연결되는 성공 사례를 만들었던 것이 과연 의료계에도 적용될 수 있을지가 궁금했다. 저자 허남석 포스코ICT 사장을 찾아가서 어려웠던 경험담을 생생하게 직접 듣고 나서 포스코가 실행했던 정책 중에 우리 병원에 맞게 적용했던 것이 칭찬게시판, VP 게시판 설치, COP 게시판 설치, 독서토론회, 감사·나눔 펀드 제도였다.

칭찬게시판으로 긍정의 문화가 확산했고 독서토론회로 직원과 소통할 수 있었다. 직원들이 존엄케어와 감사·나눔에 대한 생각이 바뀌었고 삶의 변화에 동기부여가 됐다. 또 감사·나눔 펀드를 통해 사회적인 나눔을 경험하면서 긍정 마인드가 급상승하여 존엄케어가 더욱 진정성 있게 발전하는 계기가 됐다.

현대 자기계발서의 시초가 된 데일 카네기의 『인간관계론』은 성공한 사람들의 행적을 찾아 공통된 점들을 모아놓은 책이다. 데일 카네기는 이 책을 쓰기 위해 1년간 다양한 도서관을 방문하여 심리학 전문서, 전기를 읽고 유명인사들을 찾아다녔으며 시어도어 루스벨트 대통령에 관한 전기를 100권 이상 수차례 읽었다고 한다. 성공한 사람들의 일상습관을 이유 불문하고 그대로 따라 하다 보면 내 인생이 그들을 닮아간다는 이야기가 있다. 행동으로 옮기지는 못하면서 왜 그런지 따지고 머릿속으로만 생각하는 사람은 계속 제자리에 머물러 있을 수밖에 없다.

내 인생을 최고로 만들고 싶다면 최고를 찾아가 배워보라. 그들의 작은 습관을 따라 하면서 실천해보라.

노력이 따라야 운도 따른다

사람들은 나에게 젊은 나이에 큰 병원을 운영하니 성공했다고 이야기한다. 더불어 운이 좋다고도 이야기한다. 맞다. 나는 운이 좋다. 아무리 노력해도 때를 만나지 못하면 결실을 맺지 못하는 일들이 있다. 그래서 '운칠기삼運七技三'이라는 말도 있다. 운이 7할이요, 실력이 3할이라는 것이다. 그렇다면 실력을 갈고닦기 위해 노력하기보다는 운을 기다리고 있는 것이 더 현명한 일일까? 운칠기삼라 해도 실제로 운이란 준비하고 기다린 사람에게만 오는 것이다. 즉 '기삼'이 갖춰져 있지 않으면 '운칠'이 이루어지지 않는다는 뜻이다.

준비된 사람이 기회를 잡는다

운도 노력하고 있는 사람만 따라다닌다. 허구한 날 세상 탓 부모 탓 환경 탓 남 탓만 하고 있는 사람에게는 절대 기회가 오지 않는다. 기회의 신인 카이로스는 뒷머리가 없고 어깨와 발꿈치에 날개를 달고 있다고 한다. 그런 까닭에 기회는 한번 지나가고 나면 붙잡을 수 없다. 또 날개가 달린 이유는 최대한 빨리 사라지기 위해서라고 한다. 미리 준비하고 있었던 사람이 아니라면 대부분은 기회가 와도 눈앞에 놓인 상황이 기회인지 아닌지 구별조차 하지 못한다. 『성경』에도 있지 않은가. "항상 깨어서 준비하라." 운이란 언제 올지 모르기 때문에 준비돼 있지 않은 사람은 잡을 수 없는 법이다.

내가 병원 사업을 처음 시작했을 때 당숙께서 공사대금을 외상으로 받아주셨다. 아내의 제자인 나에게 8,000만 원을 빌려준 분도 계셨다. 법원 소송에서 내게 큰 힘이 되어주신 신현수 원장님, 공직사회 귀감이셨던 윤호정 행정원장님 등 돈도 없고 배경도 없던 나를 믿고 투자하고 어려움 속에서 도와주신 분들이다. 나는 운 좋게도 위기의 순간마다 도와주는 분들을 만났다. 그런데 이분들은 왜 나를 도와주셨을까?

이분들은 단지 사업의 수익성만 보고 투자한 것이 아니었다. 학교에 다닐 때나 직장생활을 할 때 정직하고 열심히 살아온 내 지난 세월을 보셨기에 큰돈을 빌려주고 어려울 때 도움을 주신 것이다. "부자

부모를 못 만나서 자본이 없다면 나에게 투자해줄 사람을 만들어라."
라는 글을 어느 책에서 읽은 적이 있다. 이분들이야말로 사실 내 인생
의 가장 큰 자산이다.

1.5배 더 노력하는 것이다

존엄케어만 해도 직원들을 모아놓고 선포식을 한다고 해서 저절
로 실천되는 것은 분명 아니다. 그러다 말겠지 생각했던 직원들도 진
정성 있게 존엄케어로 돌아서게 됐던 계기가 있다.

존엄케어를 시작한 지 얼마 안 돼서의 일이다. 나는 새벽이든 일과
시간이든 휴일이든 항시 병원에 나와 둘러보곤 했다. 직원들을 감시
하러 나온 것이 아니었다. 가장 적은 인원의 직원들이 투입된 취약시
간에 환자들에게 어떻게 서비스가 이루어지는지 확인하고 개선해
야 할 일들을 실행하기 위해서였다.

이때 발견한 것이 물리치료가 없는 공휴일의 환자들 일상이었다.
직원들도 적다 보니 환자들은 침대에서 먹고 자고를 반복하고 있었
다. 이걸 보고 환자들을 침대에서 벗어나게 하는 와상 무 프로그램을
시행하기로 했다. 공휴일에도 물리치료, 휴게실 식사, 놀이 프로그램
을 실시하기로 한 것이다.

그런데 공휴일 프로그램 초기에는 투입 인력이 부족했기 때문에

내가 직접 프로그램에 참석했다. 나는 근무시간이 아닐 때도, 공휴일에도 병동을 둘러보고 계속 병원에서 머물렀다. 쉬는 날이 없었다. 체력적으로 많은 무리를 한 것이다. 존엄케어를 처음 실시했던 2014년 설날 연휴 이틀째였다. 병원에 출근해서 프로그램을 준비하고 있는데 입과 눈 쪽에 이상한 느낌이 들었다. 눈을 감았는데 감기지 않았고 거울을 보니 입을 벌리고 싶어도 벌어지지 않았다. 안면마비였다. 한방에서 말하는 구안와사가 온 것이었다. 존엄케어에 대한 생각으로 잠 못자고 고민하면서 너무 무리해서 일한 결과였다.

'환자들 프로그램을 미뤄두고 병원에 가야 하나?' 잠시 생각했지만 그럴 수는 없었다. 부랴부랴 부원장님에게 급히 연락해서 프로그램을 같이 마무리하고 안동의 인근 신경과에서 검사를 했다. 몸을 혹사한 결과가 안면마비로 나타났으니 휴식을 취해야 한다고 의사가 당부했다. 한 번에 열 알이 넘는 스테로이드와 항바이러스제를 3주 정도 먹다 보니 속이 쓰려서 위염이 생겼다. 그래도 다행스럽게 증상이 호전돼 얼굴이 정상으로 돌아왔다.

이 일로 직원들은 내가 결코 존엄케어를 포기하지 않을 것이란 사실을 깨닫게 됐다. 이로써 관망만 하던 직원들까지 동참했다. 지금의 우리 병원이 '진정성 있는 존엄케어'라는 가치를 지니게 된 결정적인 마중물이 됐다.

"미치면 미친다狂及."라는 말이 있다. 쉽게 얘기해 미칠 듯이 노력하면 꿈에 다다른다는 뜻이다. 노력이란 조금 깨작대고 마는 수준이어서는 안 된다. 그야말로 '미친놈' 소리를 들을 정도로 노력해야 인생에 변화가 조금씩 나타날 것이다.

기회비용과 수업료를 두려워하지 말자

　나는 끊임없이 변화에 도전한다. 병원 운영을 해오는 동안 매년 공사를 해보지 않은 적이 없다. 예천 경도요양병원 신축 건물을 지을 때 기존 시설을 수리해서 써도 될 상태였지만 과감하게 철거하고 새로운 시설로 공사했다. 철거 비용과 리모델링 비용이 이중으로 들어가는 일이었다. 하지만 직원들이 근무하고 환자들이 생활하는 공간에서 서비스 질을 높이기 위해서 주저하지 않았다.

　어떨 때는 공사를 했는데 예상과 달리 환자들이 불편해서 다시 철거를 하고 새로 공사한 적도 있다. 안동 복주회복병원을 경매로 인수하고 나서는 오래된 건물이라 지금까지도 매년 보수공사와 확장 공사를 끊임없이 해오고 있다.

최고를 위해서라면 1억 원이 아깝지 않다

2016년 안동 복주회복병원에 증축공사 계획을 잡았다. 당초 공사비는 4억 원이었는데 증축을 하면서 건물 두 개를 연결하는 브릿지 공사를 추가로 하기로 결정했다. 설계비가 1억 원 넘게 책정됐지만 좀 더 나은 증축을 위해 계획을 수정했다. 도면이 거의 완성된 시점이어서 새로운 계획을 구현하려면 설계를 다시 해야 했다. 하지만 설계비 1억 원이 아깝다고 해서 마음에 들지 않는 증축을 밀어붙일 수는 없었다. 더 나은 결과를 위해 설계비 1억 원은 기회비용이라고 생각하기로 했다.

이때 완공한 브릿지 덕분에 지금은 환자와 보호자들의 만족도가 매우 높다. 브릿지 중간에 서면 경관이 좋아서 테이블을 놓고 카페처럼 활용하고 있다. 이 브릿지는 이제 우리 병원의 트레이드마크가 됐다. 설계비 1억 원의 기회비용이 아깝지 않은 시설이 됐다.

직원들은 병원에 망치 소리가 끊이지를 않는다고 공사 좀 그만하자고 말한다. 그렇지만 내 생각은 다르다. 망치 소리가 멈추는 순간이 내가 현실에 타협하는 순간이라고 생각한다. 경영자가 변화를 두려워할 때 그 조직은 존립이 위험해진다.

공짜는 없다

2014년 예천 경도요양병원에 요양원 증축 공사를 진행했다. 국비 보조사업으로 8억 원가량을 지원받았고 자부담으로 22억 원을 투자해 총사업비 30억 원을 들여 공사를 완료했다. 그런데 내 인생에 처음으로 국비 보조로 공사를 하다 보니 애로사항이 많았다.

그냥 자체 공사로 시작했으면 8개월이면 끝날 공사가 거의 2년이 걸렸다. 국비보조사업이다 보니 입찰을 했고 그 과정에서 선정된 업체와 협조하기가 어려워서 2년씩이나 걸린 것이다. 국비로 8억 원을 보조받았지만 공사가 연장되는 등 눈에 보이지 않는 손실이 많았다.

예전에 "국가 돈은 먼저 보는 사람이 임자다."라는 말을 들은 적이 있는데 내 경우에는 그렇지 못했다. '세상에는 공짜가 없고 국가 돈은 함부로 쓸 게 아니다.'라는 것이 내가 깨달은 사실이다. 챙겨야 할 서류도 많았고 행정력 소모가 엄청났다. 직원들도 국비보조사업은 처음 해보는지라 실수도 많았고 힘들어했다.

그러다 2016년 또 하나의 결정을 내렸다. 국비 전액을 반납하기로 한 것이다. 국비를 지원받은 요양원에 요양보호사가 부족했기 때문이다. 요양보호사는 전국적으로도 부족했는데 예천은 시골이어서 인력 수급에 더 많은 어려움이 있었다.

국비로 지원받은 금액을 전액 반납했지만 공사 지연으로 인한 손해와 입찰에 들어간 비용을 합하면 최소 5억 원 이상은 손해를 본 셈이었다. 하지만 이것을 통해 깨달은 것도 있으니 비싼 수업료를 냈다고 생각하고 있다. 좋은 경험을 했다고 생각한다.

직원들의 실수도 자양분이 된다

핵심 간부들의 사소한 서류 실수로 예천 경도요양병원 사업 초기에 1억 원이 넘는 금액이 손실나는 일이 발생했다. 직원이 업무 실수를 했을 때 잘못은 알려주고 바로잡으면서 옳은 방향을 제시해주면 된다. 하지만 이 경우는 바로잡고 말고 할 사안이 아니었다. 단순한 실수로 1억이 넘는 큰 금액을 손해볼 상황이었기 때문이다.

순간 고민을 했다. 불같이 화를 내야 할까? 아니면 큰 실수라도 한 번 과감하게 용서할까? 결론은 후자였다. "누구나 실수는 할 수 있다. 이번은 그냥 덮겠다. 하지만 같은 종류의 실수를 반복하지 않도록 최선을 다해 달라." 그렇게 당부하고 회의실을 빠져나왔다.

부원장님은 다른 병원 같으면 최소한 시말서, 보통은 사표를 받아야 할 사안이라며 괜찮겠냐고 물었다. 나 역시 사업 초기였기 때문에 받아들이기 힘든 큰 금액을 웃으면서 괜찮다고 넘길 여유는 없었다. 그렇지만 간부들이 고의로 실수를 한 것 같아 보이진 않았다. 그동안 열심히 일해준 간부들을 더 믿고 지지하는 것이 맞다고 판단했다. 경영자로서 무척 힘든 판단이었지만 그렇게 하고 싶었다.

간부들은 큰 문책을 받을 것이라고 예상했다가 아무런 일이 없으니 오히려 더 의아해했다. 그렇지만 그 뒤로는 누가 보나 안 보나 자기 일에 최선을 다하는 고마운 핵심 간부가 되어주었다. 직원들의 큰 실수를 용서하면 직원들도 미안해하고 고맙게 생각하는 것이 인지상정이다. 직원들을 내부고객이라고 생각한다면 이것이 바로 직원들을 충성고객으로 만드는 방법이다. 그런데 같은 종류의 실수를 반복한다면 어떻게 해야 할까?

원무과에서 병원 진료비 청구를 담당하던 직원이 있었다. 외부 컨설팅을 받는 도중에 이 원무과 직원이 일을 제대로 하지 못해서 1억 원이 넘는 손실을 본 것이 발견됐다. 간부들은 손해배상청구를 해야 할 상황이라고 말했지만 앞으로 잘하겠다는 다짐을 받고 한 번 더 믿어주기로 결정했다. 잘못이 있을 때마다 처벌만 한다면 누구든 자유로울 수는 없을 것이다. 최소한 한 번의 기회는 주는 것이 투자라고 생각한다.

대부분 직원들은 한 번 더 기회를 주면 과거보다 더 열심히 일을 잘한다. 그런데 이 직원은 그렇지 않은 경우였다. 몇 개월 뒤 같은 일이 반복되어 업무상 손실이 발생했다. 손해배상청구까지 가지 않고 그냥 조용하게 퇴사를 시켰다. 얼마 안 돼서 그 직원이 결혼을 했는데 축하금과 화환을 보냈다. 자신의 잘못으로 퇴사하는 직원이라도 감정이 생기지 않게 하자는 것이 나의 경영 원칙이다. 본인은 자기 잘못이라 생각지 않고 퇴사 후에도 전 직장에 대한 안 좋은 이야기를 하고 다니기도 한다. 감정이 상하지 않게 마무리를 잘하면 나가서 나쁜 이야기는 하지 않기 때문이다.

가난은 나에게 자립심을 선물했다

마쓰시타전기의 창업자이자 일본에서 '경영의 신'이라 불리는 마쓰시타 고노스케는 수많은 명언을 남긴 것으로 유명하다. 1930년대 불경기로 많은 일본 기업이 직원들을 해고했을 때 마쓰시타는 한 명의 직원도 해고하지 않았다. 그는 마쓰시타전기를 세계적인 대기업으로 성장시켰으며 내셔널과 파나소닉 등의 상표는 세계적으로 유명하다. 그가 남긴 이야기 중에 다음과 같은 말이 있다.

"하늘이 가난을 주었기에 부지런함을 얻었고, 병약함을 내렸기에 건강의 소중함을 깨달았고, 충분히 교육받지 못할 환경을 선사해 다른 모든 사람을 스승으로 삼게 했다."

나는 감히 그의 말을 이해할 수 있을 것 같다.

나는 경북 영주에서 3형제 중 막내로 태어났다. 아버지가 41세에 내가 태어났으니 늦둥이인 셈이다. 부모님은 작은 땅에 농사를 짓는 빈농이었다. 어릴 때 부모님이 농사일을 하러 가실 때면 나는 고모할머니 댁에 맡겨졌던 것으로 기억한다.

내가 학교에 들어갈 무렵 아버지는 영주 읍내에서 6킬로미터 (15리) 떨어진 갓골이라는 곳으로 이사갈 것을 결정했다. 소를 키우고 소작할 땅을 확보하기 위해서였다. 그곳은 버스가 다니지 않는 곳이어서 자전거를 배우기 전까지는 학교까지 15리, 왕복 30리 길을 걸어다녀야 했다.

아버지 고향인 안동으로 이사 오기 전까지 나는 학교까지 왕복 30리 길을 6년간 비가 오나 눈이 오나 자전거를 타고 다녔다. 장마에는 우비를 입어도 신발과 옷이 젖는 일이 다반사였다. 겨울에는 소백산에서 내려오는 강바람이 너무 거세 자전거가 앞으로 나아가지 못했기 때문에 길 밑에 있는 논둑으로 자전거를 끌고 다니기도 했다.

어릴 때 길러진 강한 체력과 정신력 덕분에, 모든 것이 부족한 가운데 성장한 내가 자본도 인맥도 없이 사업으로 성공할 수 있었던 것이라고 생각한다. 유년 시절이 나에게 선사한 가장 큰 자산인 셈이다.

지역사회가 좁은 특성이 있다 보니까 뭐든 눈에 띄면 금방 소문이 나기도 하고 한 번 밉보이면 돌이킬 수 없는 경우도 있다. 방송국의 어느 기자와 식사 자리에 함께할 기회가 있었다. 나에 대해 38세에 병원 두 곳을 운영하는 의료재단 이사장이라는 소개를 듣고 이렇게 말했다. "부모님이 돈 좀 많으신가 보지요?" 내가 "아니요. 농사 지으세요."라고 대답하자 그가 다시 물었다. "아, 땅이 몇십만 평 되나 봐요?" 금수저라도 되는 줄 알고 나를 고깝게 봤던 기자는 내가 "아니요. 소작농입니다."라고 대답하자 실수했다면서 젊은 사람이 어떤 비법으로 그렇게 성공할 수 있었는지 궁금해했다. 이 기자와는 이후로 친해져서 평생 소중한 인연으로 이어졌다.

이때의 인연으로 우리 병원의 존엄케어를 KBS 전국 뉴스로 알릴 수 있었다. 첫 방송에 이어 KBS「시사기획 창」에 방송되면서 국민들에게 존엄케어란 단어가 처음 알려지게 됐다.

가난은 내가 받은 가장 큰 자산이다

많은 사람이 젊은 나이에 의료재단 이사장이 됐다고 하면 나를 금수저일 것으로 생각한다. 사실 나는 대표적인 대한민국 흙수저다. 유년 시절을 시골에서 성장하고 중학교에 들어갈 무렵 안동으로 전학을 갔다. 소 5마리를 키우던 부모님이 1980년대 솟값 파동으로 많은 손실을 봐서 안동으로 이사를 결심하신 것이다.

이때 안동에서 농사지을 땅을 알아보러 나간 부모님이 늦게 돌아오시면 나는 13세 어린 나이였지만 학교 갔다 와서 외양간을 치우고, 장작불을 지펴 죽을 끓여 소를 먹이고, 가마솥에 불을 때서 저녁을 해서 먹곤 했다. 내가 잠이 들면 부모님은 밤늦게 돌아오셨다. 아마 이때가 나 혼자 힘으로 생활해본 첫 경험이었던 것 같다.

중학교 2학년 때는 난생처음으로 돈을 벌어보았다. 친구 형님이 하던 가구점에서 5일간 일을 했다. 하루에 5,000원씩 5일간 2만 5,000원을 벌었다. 고등학교 때도 인력 시장에 나가서 공사 현장에서 일을 하고 부족한 용돈을 해결하곤 했다. 이때의 경험은 스스로의 힘으로 살아가고자 했던 내 삶에 강한 동기부여가 됐다.

반지가 전부인 작은 결혼식을 했다

내가 예천의 한 정형외과 물리치료실장으로 근무하면서 대학원 석사 과정에 다닐 때 아내를 처음 만났다. 아내는 사실 후배 물리치료사인 부하직원이었다.

처음에는 학교 후배일 뿐이었다. 그런데 직장생활을 1년간 같이 하면서 시간이 갈수록 아내가 좋아졌다. '이 사람과 결혼하고 싶다.'라는 생각이 처음 들었다. 다행히 프로포즈에 성공하여 지금까지 아내는 내 평생의 동지요, 동반자 역할을 해주고 있다.

석사 과정을 마치고 31세에 처음으로 병원 사업을 시작할 때도 아무 자본 없이 열정과 패기만 있던 나에게 아내는 가장 든든한 우군이었다. 결혼하기 전이었지만 아내는 병원 사업의 창업 동지였고 병원을 성장시키는 데 가장 큰 공신이었다.

내 인생 최대의 고비였던 K정형외과 경영권 인수 당시 돈이 없던 나에게 아내가 3년간 직장생활을 하면서 결혼자금으로 준비해둔 3,000만 원을 먼저 건넸다. 20대 중반의 아가씨가 사고 싶은 것 못 사고 절약해서 모은 피 같은 돈을 나한테 건넨 것이다. 너무 소중한 돈이어서 받을 수 없었지만 아내는 인수자금으로 사용하라고 했다.

경영권 인수 후 3개월 만에 경영 정상화가 이루어지고 6개월 뒤 나와 아내는 결혼식을 올렸다. 결혼 준비를 할 때 많이 싸운다는 이야기를 친구들로부터 듣곤 했다. 하지만 우리는 아무런 이견 없이 순조롭게 결혼식을 준비했다. 경영권 인수로 우리가 돈이 없다는 것을 양가 어르신들이 잘 아셨기에 문제가 될 수 있는 예단과 혼수는 양가 부모님 합의 하에 일절 생략했다. 너무 감사하다. 한마디로 우리는 결혼 반지 달랑 두 개만 들고 결혼한 것이다.

항상 검소하고 절약하는 데다가 가장 든든한 후원자 겸 조언자 역할을 하는 아내와 결혼한 것은 내 성공 스토리의 출발점이라고 늘 생각한다.

나의 애마는 30만 원짜리 티코다

아내와 나는 겉치레를 중요하게 생각하지 않는 스타일이었다.

아내와 함께 직장생활을 하던 정형외과 근무 당시 후배가 타던 티코를 30만 원에 인수했다. 차 상태가 사실 괜찮은 건 아니었다. 브레이크 드럼이 닳아서 작동이 잘 안됐고 타이어는 닳아서 철심이 드러날 정도였다. 급한 대로 브레이크랑 중요 부분을 수리하고 타이어만 교체해서 그냥 타고 다녔다.

그런데 문제가 끊이지 않았다. 여름이 되어 에어컨을 틀면 차가 힘이 달려서 제대로 나가지 않았기 때문에 에어컨은 틀지 않았다. 겨울이 되면 차의 문틈 사이로 바람이 들어와 히터를 틀어도 추웠다. 궁여지책으로 문틈 사이에 바람이 들어오는 것을 막기 위해 보온 문풍지를 붙이고 다녔다. 이 차에 처음 타는 사람들은 에어컨도 안 되는데다 문풍지를 붙인 모습을 보고 신기해했다.

하지만 연료비가 적게 들었고 세금도 적고 차량유지비도 적게 들어 고마운 차였다. 이 티코를 타고 학회 세미나에 참석하러 전국을 돌아다녔고 석사 과정 동안에도 함께했다. 아내에게 프러포즈도 이 차에서 했기 때문에 추억이 가득 깃든 티코였다.

월급 없는 이사장으로 일하다

아내와 나는 어릴 때부터 어렵게 자랐기 때문에 근검절약하는 습관이 둘 다 배어 있다.

나는 경주 첫 직장에서 월급 120만 원 받을 때 한 달에 100만 원씩 적금을 넣었다. 아내는 날 만나기 전 통영에서 근무할 때 월급 115만 원에 적금 100만 원을 넣었다고 한다. 아내 또한 형제 많은 5남매 중 둘째로 태어나 검소한 생활습관이 몸에 배었다. 어릴 때부터 아끼고 절약하는 습관이 몸에 밴 우리 부부는 천생연분이다.

내가 의료법인 이사장이 되었을 때나 지금이나 보험하는 분이 많이 찾아온다. 우리 병원 규모라면 이사장이 꽤 많은 수입이 있을 것이라 예상하고 한 달에 몇백만 원짜리 보험가입서를 들고 온다. 그러면 나는 월급 통장을 보여드린다. K정형외과를 운영할 때의 월급 200만 원부터 지금까지의 급여 내역을 가감 없이 보여드린다. 예천 경도요양병원 공사를 할 때부터 병원 정상화가 될 때까지는 그나마 있던 월급도 책정하지 않고 근무한 적도 있다. 병원 신축공사에 들어가는 자금을 한 푼이라도 줄이려는 생각에 내 월급은 받지 않고 아내 급여로 생활했다. 그후로도 병원 투자가 우선이다 보니 이사장 급여가 간부 직원들하고 비슷한 금액으로 했다.

보험하는 분들이 통장 내역을 보면 병원 이사장이 이렇게 생활하는 줄은 꿈에도 몰랐다며 되돌아간다. 돈이 없으니 좋은 점도 있다.

보험 가입을 권유받을 때 덜 미안해도 되고 돈 빌려 달라는 분에게 거절할 때도 사실을 이야기하면 난처하지 않다.

타고난 게 없다면 도전하고 또 도전하라

부모님이 물려준 재산도 없고 특출난 재주도 없는데 어떻게 하면 성공할 수 있냐고 묻는 사람이 있다. 그러나 동서고금을 통틀어 성공한 사람들을 잘 살펴보면 부모님에게 물려받아서 성공한 사람보다는 자신이 가진 핸디캡을 극복하려고 한 발 한 발 내딛으며 노력하다 보니 남들이 이루지 못한 일을 해낸 사람이 훨씬 많다. 가진 게 없고 타고난 게 없다면 한 방에 큰 걸 얻으려는 꼼수를 부릴 것이 아니라 한 발을 내딛게 하는 작은 성공의 경험을 해야 한다.

그러려면 일상의 좋은 습관을 몸에 익혀야 하는데 평범한 일상을 충실히 사는 사람은 별도의 훈련이 필요 없다. 자기계발 방법을 이야기할 때 작은 도전을 시작하라는 이야기를 많이 한다. 무엇에 도전할 것인지를 찾는 것조차 어려운 사람들이 있다. 그럴 땐 먼저 가까운 곳에서 도전할 거리를 찾는 것부터 시작해야 한다. 그것이 영어 공부나 운동이 될 수도 있겠지만 우선은 아침에 뭉그적거리지 않고 빨리 일어나는 것부터 시작할 것을 권한다. 아침에 한 시간 일찍 일어날 수 있다면 인생을 바꿀 수 있는 충분한 기회를 얻는 것이다. 예를 들어 나는 아침 6시에 일어나 산책으로 하루를 시작한다. 산을 걸으면서 아이디어가 떠오를 때는 간부들에게 문자를 보내고 헬스장으로 향한다. 근력운동을 하고 난 다음에는 자전거를 타면서 우리 병원 감사카페에 들어가 댓글을 단다. 산책하면서 아이디어 회의를 하고 운동하면서 직원들의 근황을 파악하는 것이다.

시간 관리는 사실 무엇보다 중요한 사항이다. 엄청 바쁜데 해놓은 건 없는 사람들이 있다. 그런 사람들은 시간을 쓰면서도 쓸데없는 일을 하고 있는 것이다. 보통 샐러리맨은 아침에 일어나기가 힘들다. 지각을 하는 사람은 매일 지각한다. 출근 시간을 늦춰도 그 사람은 또 지각을 한다. 그저 습관인 것이다. 의미 없이 잘못 쓰는 시간이 없어지고 습관을 바로잡을 수 있으면 여유 시간이 생긴다.

직원들에게 내가 자주 하는 이야기 중 하나가 의미 없이 TV를 보지 말라는 것이다. 아무 생각 없이 TV를 보다 보면 홈쇼핑 채널에서 쓸데없이 충동구매를 한 경험이 있을 것이다. 이 시간에 책을 보면서서히 인생이 바뀌어간다. 어려운 고전을 볼 필요도 없다. 재밌는 책을 골라 읽으면 된다.

다른 사람의 경험과 생각을 나의 삶에 비추다 보면 작은 도전거리가 손에 잡힐 것이다. 인생을 바꿔보겠다며 어려운 목표를 세우는 것을 추천하지 않는다. 어려운 목표를 놓고 도전하면 실패할 수밖에 없다. 살을 뺀다는 결심을 했다면 한꺼번에 10킬로그램을 뺄 수는 없다. 이번 달에 1킬로그램을 빼겠다는 목표를 먼저 세워야 한다. 영어를 마스터하겠다는 결심을 했다면 일단 영어 학원에 등록을 하든지 뭔가를 시작해야 한다. 그런데 보통 사람들은 하루 이틀 나가다가 빠졌을 때 이후로 쭉 안 나가버린다.

이럴 땐 극약처방이 필요하다. 이틀을 연거푸 빠지면 벌금을 10만 원씩 내겠다고 같이 학원을 다니는 친구나 가족과 약속을 하는 것이다. 마지노선을 정하고 돌아올 수 없는 강을 건너버리는 것이다. 일명 '가두리 기법'이다. 절대 안 할 수가 없는 상황을 만들어놓는 것이다. 이런 안전장치가 2개, 3개 있다면 효과는 더욱 좋을 것이다. 인간은 유혹에 나약한 동물이라는 것을 처음부터 인정하고 시작하는 것이다. 물러설 길이 없으면 앞으로 나아갈 수밖에 없기 때문이다. 이렇게 작은 도전거리를 찾고 그것을 성취해 가다 보면 어느새 예상치 못했던 큰 도전과 큰 성공의 문턱에 가까이 있을 것이다. 무의미하게 그저 시간을 흘려보내지 않고 너무 큰 걸 바라지 않는 것이다. 세상 곳곳에는 스승이 있고 배울 것이 널려 있다.

나는 행복한 경영자를 꿈꾼다

예전에 나는 돈을 많이 벌어서 남들한테 보여주는 성공을 하고 싶었다. 그런데 빛 명상을 시작하고 긍정과 감사를 알고 정광호 학회장님으로부터 베품과 나눔을 듣게 된 이후부터는 내 삶의 꿈이 변했다. 삶의 진정한 행복에 대해 생각하게 되었기 때문이다. 직업과 나눔 활동을 따로 분리해서 생각하는 것이 아니라 하고 있는 일 안에서 베품과 나눔을 실천할 수 있는 방법을 생각하게 된 것도 그때였다.

내가 일하는 노인병원을 통해서 환자들이 행복한 존엄케어를 받고 그곳에서 고생하는 직원들의 복리후생을 늘려주고 고객과 직원이 함께 행복한 일터를 만들고 싶다. 그렇게 행복한 경영자가 되는 것이 현재 나의 꿈이다.

우리 병원에서 추구해야 할 가치의 순서는 다음과 같다. 첫째가 고객인 환자의 이익이다. 둘째가 내부 고객인 직원의 이익이다. 마지막이 병원의 이익이다. 간병사나 간호사가 편하자고 억제대를 사용한다든지, 기저귀를 채운다든지 하는 일은 발생하면 안 된다. 그리고 직원들의 희생을 담보로 한 병원 성장도 바라지 않는다. 1억 원가량의 비용을 들여 전 병동의 침대를 전부 전자동침대로 교체한 것도, 1대당 500만 원가량 하는 목욕침대를 구비한 것도 간병사들의 노동이 줄어들면 고객 서비스가 향상하여 환자에게 도움이 될 것이라 생각했다. 간병사의 일이 줄어들고 쉬워야 환자에게 더 신경을 많이 쓸 수 있기 때문이다. 그나마 전자동침대같이 돈으로 해결할 수 있는 게 제일 쉽다. 하지만 직원들의 마음을 바꾸지 않고는 존엄케어와 같은 서비스 질을 올리기는 정말 어렵다.

앞으로도 나는 고객도 행복하고 직원도 행복하고 경영자도 행복한 병원을 만들기 위해 최선을 다할 것이다.

나만의 이익을 위해 남을 곤란하게 하지 않는다

직원을 위해 환자가 희생되지 않으며 병원을 위해 직원이 희생되지 않아야 한다는 원칙을 고수하다 보니 병원 밖에서도 유사한 일이 일어나기도 한다.

오래전 경북도청에 허가서류를 접수했는데 규정이 명확하지 않아서 도청에서 내가 넣은 민원사항을 해줄 수도 있고 안 해줄 수도 있는 상황이었다. 그때 담당자는 안 되는 쪽으로 결정하고 말았다. 만약 내가 넣은 민원이 받아들여지지 않으면 1년 동안 손해 금액이 1억 원 정도가 될 상황이었다. 적은 금액이 아니었다. 나는 윗선에 부탁해서 담당자에게 압력을 넣어달라고 할까 잠시 생각하기도 했다.

그렇지만 내가 이익을 보기 위해 압력을 넣는다면 당장의 이익은 볼 수 있을지 몰라도 이후로 그 공무원과는 등지게 되는 것이었다. 윗선에서 근무하는 분들은 보직이 바뀌면 떠날 수 있지만 담당자는 앞으로도 계속 봐야 할 사람이다. 나는 결국 이익을 택하는 것보다 당장은 손해를 보더라도 관계를 선택하기로 했다. 나중에 손해 금액에 대한 속사정을 알고 난 담당자는 자신을 배려해준 것을 매우 고마워했다. 그 일을 계기로 그 공무원은 내 일을 자기 일같이 신경 써주었고 관공서에서 볼일을 볼 때마다 많은 도움을 주었다.

내가 병원 사업을 처음 시작했던 남주현의원 물리치료실을 정리할 때 친구가 인수하고 뒤이어서 운영을 하게 됐다. 그리고 그후에는 내 직원으로 있던 후배가 다시 인수해서 운영을 했다. 어느 날 병원 원장님이 남주현의원을 그만둔다고 결정하자 후배 역시 병원 사업을 그만둘 수밖에 없었다. 그런데 내가 처음 물리치료실을 시작할 때 구입해서 사용했던 병원 장비가 문제였다.

10년이 넘은 장비여서 의료기 업체는 중고가 100만 원을 쳐주겠다고 한 것이다. 후배가 손해를 볼 수밖에 없는 상황이었다. 이미 친구에게서 다시 후배로 넘어간 그 장비에 대해서 내가 책임을 질 필요는 없었다. 하지만 후배의 사정을 감안해서 의료기 업체 대신 내가 500만 원에 인수했다. 사실 우리 병원에서는 별 쓸모가 없었다.

장비 정리 후에도 그 후배가 일할 자리를 우리 병원에 일부러 만들어서 취직시켜 주었다. 선배로서 역할을 다하고 싶었다. 뭘 그렇게까지 하느냐고 주변 사람들이 이야기하지만 나는 감사와 배려가 신뢰와 진정성을 가져다준다고 믿고 싶다.

CEO의 권리는 전쟁에서 선봉에 서는 것이다

감사·나눔 경영을 시작하고 다음 카페에 댓글을 달기 시작하면서 나는 직원들의 이름을 모두 외우게 됐다. 식당의 조리사와 청소부 이름도 모두 외운다. 직원 신규교육이나 부서의 독서토론회에 참석해 직원들 이름을 불러주면 모두 깜짝 놀란다.

나는 CEO가 직원들을 거느리고 통솔하는 자리라고 생각하지 않는다. CEO가 누릴 수 있는 권리가 있다면 그것은 앞장서서 깃발을 꽂고 먼저 갈 수 있다는 것이 아닐까 싶다.

존엄케어의 일환으로 냄새를 없애기 위해 주 2회 이상 환자 목욕시키기를 실천할 때 간병사들의 수고를 덜기 위해 일촌 맺기 제도를 만들었다. 두 번째 목욕시킬 때부터는 일촌인 직원이 함께 목욕시키기에 참여하도록 배려한 것이다. 물론 이때도 내가 먼저 앞장서서 일촌을 맺고 목욕시키기에 동참했다.

인디언 속담에 '추장의 권리는 전쟁에서 선봉에 서는 것'이라는 속담이 있다. 나는 이 말을 좋아한다. 어떤 일을 추진할 때 나는 경영자든 간부든 제일 먼저 솔선수범해야 한다고 생각한다. 어떤 사람들은 평직원일 때 많이 고생했으니 간부가 되면 이제 좀 더 편하게 일하고 모든 일에 방관자적 입장으로 대하는 것이 간부가 할 일이라고 생각하기도 한다.

하지만 수직적인 리더십이 주를 이루던 시절과 달리 지금 시대에는 수평적인 리더십이 요구된다. 이런 수직적인 사고는 조직원들의 지지를 받을 수 없기 때문에 조직이 건강하게 발전할 수 없다. 경영자도 마찬가지다. 예전 같으면 사장이 일방적으로 지시만 해도 조직이 일사천리 움직였을지 모른다. 이럴 때 단점으로 따라오는 것은 조직원들의 창의성이나 긍정성이 발휘되지 못한다는 것이다. 시킨 일만 해서는 새로운 미래를 준비하는 창의적인 사고는 당연히 기대할 수 없다.

나는 수평적인 조직 체계를 좋아한다. 앞으로도 우리 조직에서 추구할 새로운 프로젝트에 새로운 아이디어를 앞장서서 내고 벤치마킹을 통해 우리 병원에 맞는 새로운 프로그램을 만들어낼 것이다. 그리고 그 선봉에는 항상 내가 서 있을 것이다.

안주한다는 건 초심을 잃는다는 것이다

과거에 우리 직원들은 불만 환자 이야기를 이사장 귀에 들어가지 않도록 숨기기에 급급했다. 그러나 이제는 퇴원환자 평가지를 만들어서 환자의 불만을 통해 서비스를 개선할 기회로 삼는다.

존엄케어도 일본의 병원과 한국의 다른 병원에서 처음 배웠다. 그런데 흉내를 내다 보니 우리만의 문화로 정착하여 존엄케어와 감사·나눔이라는 새로운 형태의 존엄케어를 하게 됐다. 아무리 어려운 일도 흉내를 내다 보면 제대로 하게 되고 그러다 보면 새로운 아이디어가 더해져서 자기만의 독창성을 발휘할 수 있다.

이런 노력들이 결실을 맺어 2016년 12월 안동 복주회복병원에 한국 최초로 IT기술을 접목한 프리미엄 병동이 개원했다. 여기에는 '모방에서 창조로'라는 나의 신념이 담겨 있다. 처음에는 서울에 있는 최고급 시설을 갖춘 병원의 인테리어 개념을 흉내내다가 침대맡의 로봇팔이 스마트폰 역할을 하는 IT 병동을 생각해낸 것이다. 건물 외관부터 이 병동은 유럽의 호텔을 모티프로 하고 있다. 환자는 병원 방문객이 초인종을 누르면 침대에서 로봇팔 모니터를 당겨 방문자가 누구인지 확인할 수 있다.

병실은 은은한 간접조명으로 눈부심을 없앴고 시네마홀을 설치해 영화관같이 영화를 볼 수 있고 유기농 식단도 운영하고 있다.

안동 복주회복병원의 프리미엄 IT 병동이 개원하면 다음은 암재활센터를 계획하고 있다. 암, 재활, 요양을 모두 아우르는 복합센터를 만들고 싶다. 한 단지 안에 노인과 관련된 모든 것이 다 있는 복합시설을 만드는 것, 즉 병원, 시설, 재활센터, 실버타운 등을 모두 갖춘 곳을 만드는 것이 내가 꿈꾸는 앞으로의 모습이다. 이런 꿈을 이루기 위해 필요한 아이디어를 얻을 수 있는 곳이면 국내는 물론이고 세계 어디든 당장이라도 달려갈 것이다.

백세 시대에 끊임없이 생각하고 몸을 움직일 수 있는 여건을 가지고 있다는 건 행복한 일이다. 지난 경험을 통해 나는 앞으로도 어떤 일이건 최선을 다해 성공할 수 있다는 자신감을 얻었다. 고객과 직원이 함께 행복하고 지역사회에 감사·나눔 활동을 계속 실천할 수 있다면 앞으로도 나는 행복한 경영자일 것이다.

지금 당장 할 수 있는 것 딱 하나만 해보자

내가 이 책에서 했던 이야기들은 독서토론회를 하면서 우리 병원의 젊은 직원들에게 해주던 말이다. 또 지금의 취업준비생이나 사회초년생들에게 꼭 해주고 싶은 말이기도 하다.

나는 "작게 도전하고 작게 성공하는 습관을 만들라."고 직원들에게 이야기한다. 모두들 새해가 되면 거창하게 신년계획을 잡지만 많은 사람이 거의 한 달 안에 포기하는 경험을 해봤을 것이다. 그 이유는 계획을 너무 크게 잡기 때문이다.

예를 들어 다이어트 계획을 잡을 때 10킬로그램을 감량하겠다고 결심했는데 첫 달만 열심히 다이어트하다가 명절이나 술자리에서 폭식, 폭음을 하고 나면 금방 체중이 늘어나 '나는 안 돼.' 하고 포기한다. 스스로에게 '내가 그러면 그렇지.' 하고 부정적인 생각을 집어넣기도 한다.

그런데 살을 10킬로그램 빼겠다고 결심했으면 3개월에 10킬로그램이 아니라 열두 달 동안 한 달에 1킬로그램씩 감량하겠다고 계획을 세워야 한다. 중간에 일탈했다가도 다시 시작할 수 있는 마음의 여유가 생기도록 이른바 플랜B를 세워야 한다. 인간은 나약한 동물이고 유혹에 취약하다는 사실을 먼저 인정하자. 그러면 언제라도 계획에서 이탈할 수 있는 여지가 있다고 감안해서 플랜B를 세울 생각이 든다. 실패할 확률은 그만큼 떨어진다.

어떤 목표를 세울 때 꿈은 크게 꾸더라도 행동은 작은 것부터 시작해야 한다. 지금 당장 할 수 있는 것 중에서 딱 하나만 골라서 행동에 옮겨보자. 도전은 그 작은 행동 하나에서 시작되는 것이다. 불가능해 보이는 것을 가능하게 만드는 비법은 바로 그 작은 행동에 있다. 경영자로서 큰 비전을 세우더라도 나는 직원들이 큰 목표에 두려워할 필요가 없도록 작은 것부터 시작했다. 그러다 보면 그것이 눈에 보이는 작은 성과로 나타나는 타이밍이 있다. 그것을 잡아내는 것이 참 중요하다. 예를 들어 목표를 이루려면 1~10까지는 참고 기다려야 하는데 9에서 포기하는 사람들이 참 많기 때문이다.

작은 목표는 이루기 쉽다. 도전은 만만한 것일수록 좋다. 작은 실천을 하되 그것을 길게 이어갈 수 있는 뒷심이 중요하다. 그렇게 시간이 흘러 1년이 끝날 때쯤이면 새해 목표였던 10킬로그램 감량을 완성하지는 못했을지라도 최소한 70% 이상 도달해 있을 것이다. 이 작은 성공을 경험하고 나면 작은 자신감이 생기고 다른 목표도 세워서 도전하게 되는 이른바 파생효과를 경험할 수 있다.

작은 행동 하나가 쌓이고 습관화되면 5년, 10년이 지났을 때 기적이 일어난다. 작은 행동이 성공하는 습관으로 몸에 스며들면 어려움과 역경을 만났을 때 포기하지 않고 플랜 B, 플랜 C로 옮겨가 극복할 힘이 생긴다. 내가 그렇게 살아왔던 경험이 있기 때문에 확신을 가지고 이야기할 수 있다.

학교 다닐 때 250만 원의 빚을 갚기 위해 공사 현장에서 일하던 경험은 전기기사 자격증으로 이어졌고, 대학 교수의 꿈이 병원 사업 성공으로 이어졌으며, 단돈 1,000만 원의 병원 사업가에서 1,000억 자산가가 됐다. 의료법인 이사장을 꿈꾸던 노력은 존엄케어와 행복한 일터를 일궈냈다. 이런 파생효과는 여러분에게도 일어날 수 있다.

요즘의 20대 취업준비생들은 10년 전, 20년 전의 20대들보다 더 심하게 대기업이나 공무원을 지향한다. 그런데 대기업에 입사한다고 해서 은퇴까지 다닐 수 있다는 보장은 아무도 할 수 없다. 평균수명 백세 시대라고 하는데 공무원도 60세면 끝난다. 어떤 경우에도 플랜 B를 마련해야 한다는 점에서는 벗어날 수 없다. 지금은 죽기 전까지 일해야 하는 시대가 됐다. 만약 10년이라는 시간을 취업시험

준비를 했다고 생각하자. 이 사람이 5년 동안 취업시험에 실패했어도 나머지 5년 동안 빨리 다른 길을 찾았다면 인생은 바뀌어 있었을 것이다. 자장면 배달을 해도 5년 동안 했으면 성공할 수 있을 것이다. 어묵 장사를 해도 5년을 꾸준히 했다면 성공할 것이다. '나는 이미 늦었어.'라는 생각은 제발 하지 않길 바란다.

젊은 사람이 일할 곳이 진짜 없을까? 많은 사람의 생각과 달리 사실은 일할 곳이 널려 있다. 내 친한 후배 예를 들어보겠다. 공업고등학교를 졸업하고 대학에 진학하지 않고 건설현장에서 일하면서 축적된 경험을 바탕으로 작은 사업을 시작했고 성실과 신용을 기반으로 계속 성장했다. 20년이 지난 지금은 연매출 100억대 중견기업의 대표가 됐다.

만약 내가 대기업이나 공무원 시험에 수차례 떨어진 상황이라면 굉장히 유명한 자장면 집에 취직을 해서 서빙을 하고 자장면 배달을 하겠다. 1년만 일하면서 지켜보면 가게가 돌아가는 운영방식을 파악할 수 있다. 이후에는 2호점을 내달라고 하면 된다. 자장면 배달을 하고 월급을 받을 수 있고 창업 노하우도 배울 수 있으니 일거양득이 아닌가. 창피하다고 생각해서 안 할 뿐이지 불가능한 것은 아니다.

나 또한 흙수저였다. 하지만 불행은 비교하는 순간 시작된다. 부모 탓 세상 탓 환경 탓을 하기보다는 지금 당장 할 수 있는 작은 도전을 시작하자.

작은 도전과 성공의 반복으로 얻게 될 성공 습관은 당신의 삶에서 기적을 일으킬 것이다. 누구보다도 멋진 삶을 살고 싶지 않은가?

존엄케어와 감사·나눔 경영을 통해 행복한 경영자가 될 수 있도록 희생하고 도와준 인덕의료재단의 임직원, 항상 힘이 되어준 아내, 그리고 강한 자립심을 갖게 해주신 부모님께 다시 한 번 감사드린다.

앞에서도 밝혔지만 이 책의 인세는 사회복지공동모금회에 기부되어 어려운 이웃을 돕는 데 쓰인다. 이 책의 내용이 도움이 되었다면 적극적으로 주변에 추천해주시길 바란다.

불광불급: 직원과 함께 가치경영에 미치다!

초판 1쇄 인쇄 2024년 10월 10일
초판 1쇄 발행 2024년 10월 18일

지은이 이윤환
펴낸이 안현주

기획 류재운 **편집** 안선영 김재열 **브랜드마케팅** 이승민 이민규 **영업** 안현영
디자인 표지 정태성 본문 장덕종

펴낸 곳 클라우드나인 　　**출판등록** 2013년 12월 12일(제2013 - 101호)
주소 우) 03993 서울시 마포구 월드컵북로 4길 82(동교동) 신흥빌딩 3층
전화 02 - 332 - 8939 　**팩스** 02 - 6008 - 8938
이메일 c9book@naver.com

값 19,000원
ISBN 979 - 11 - 92966 - 94 - 6 03320